眼力(ガンリキ)を鍛える!

“戦う以前”にモノ言う強さ

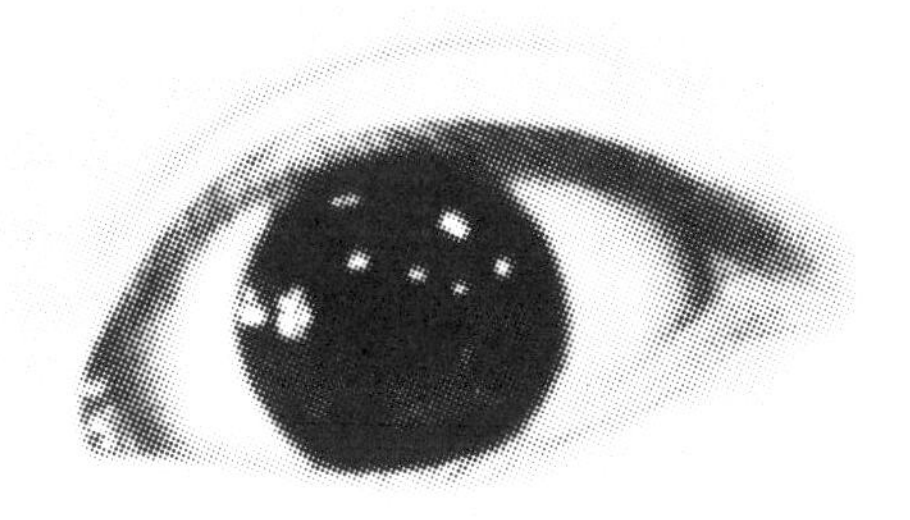

はじめに

武術の世界には「一眼二足三胆四力（いちがんにそくさんたんしりき）」という極意が伝えられています。大事なものを大事な順にあげているもので、〝まずは眼〟という事を言っているこの言葉に、ジャンルを問わず、異を唱える方はほとんどいらっしゃらないのではないかと思います。

しかし、それほど大事と言われておきながら、その具体的な教え、鍛え方などについて、これほど語られていない分野もないのではないでしょうか。

〝眼〟とは、単に眼球をもって光情報を受信する能力のみならず、洞察力も意味します。いろいろな意味合いを含み持っています。だから教えたり伝えたりするのが難しいとも言えるし、だからこそ大切な事なのだとも言えるでしょう。勝てないのは〝眼〟のせいかもしれません。上達しないのは〝物の見方〟のせいかもしれないのです。

本書は、物の見方、見る力の向上法などについて、さまざまな分野から語っていただいた貴重な極意の集大成です。武術、武道を修練されている方のみならず、さまざまなスポーツを志向される方にも大きなプラスになる事と思います。

もしかしたら、達人たちは、凡人とは全然別の景色を見ていたのかもしれないのです。それならば、達人たちがどんな景色を見ているのか、知りたくはないですか？

本書がさまざまな意味合いにおいて、さまざまな分野の方の向上、飛躍のきっかけになる事を願っております。

２０２３年６月

『月刊秘伝』編集部

※本書は『月刊秘伝』掲載記事を再構成したものです。

目 次

第1部

〝眼のトレーニング〟編 ―― 7

第3部

〝徒手の眼〟編——127

第1部

〝眼のトレーニング〟編

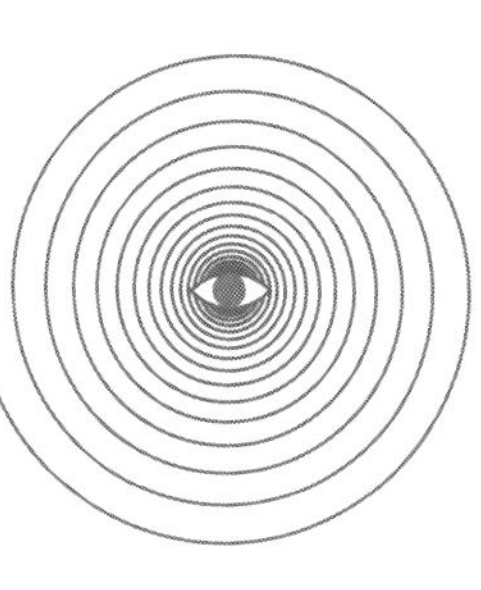

第1章

・ビジョントレーナー

眼はどう鍛えるべきなのか？ ビジョントレーニングの秘密

安達俊幸

取材・文◉藤田竜太

①視覚の能力

武道・武術家が、目配り、目付けをいかに重視しているかは、いまさら言うまでもないだろう。かの宮本武蔵も五輪書で、わざわざ「兵法の目付といふ事」という項を設けてその秘訣を説いているし、柳生新陰流においても「三見の大事」（三見＝①太刀先、②敵の拳、③敵の顔。この三つを仔細に見れば、敵の動きが見分けられるという教え）という秘伝がある。また現代武道でも、少林寺拳法では初心者のときから独自の目配り、「八方目」を指導していることで知られている。

このように武道・武術において、きわめて重要な目の配り方だが、有名な「観の目つよく、見の目よわく」（五輪書）の教えに代表されるように、それが単なる視力の良し悪しではないのも明らかだ。

一般に人間は外界からの情報収集の80パーセント以上を眼に依存しているといわれるが、武道・武術家にとって重要なのは、残りの20パーセントの部分であり、目に頼る部分に限定しても、視力とは別の、いわゆる「視覚」機能全体が問われている。

では「視覚」とは何なのか？

「視覚」とは、五感のひとつであり、専門的には次の一連の機能全体が「視覚」＝「ビジョン」

安達 俊幸

Adachi Toshiyuki

ビジョントレーニング指導歴20年。ビジョントレーニングの第一人者ドクターオブ・オプトメトリー（検眼医）内藤貴雄氏の指導のもと、大手メガネサロンのビジョントレーニング部門を牽引。多数のプロスポーツ選手やトップアスリートのビジョンチェック・トレーニングを行う傍ら、サッカーJ1リーグやスポーツ協会に講演会なども多数行う。
また、スポーツビジョンだけでなく、受験ビジョントレーニングも長年行い、小学校受験〜大学受験までの視知覚機能向上、難関校合格のために個々のプログラムを提供。

アジュライト Vision Training Studio
〒233-0002
神奈川県横浜市港南区上大岡西2-8-20
柳下ビル303
Tel 080-8091-0608
https://azuritestyle-corporation.com/vision/
azurite-vision@sunny.ocn.ne.jp

※本章の取材は2011年に株式会社イワキにて実施したものです。

と定義されている。

①眼から情報を取り入れる（何か長いものが自分に向かってくる　インプット）
②脳で情報を分析する（長いものは相手の剣で、このままでは斬られてしまう）
③脳で判断し決定する（相手の剣を受け流そう）
④決定した情報を動作に移す（アウトプット）

しかし、視覚機能は他の五感がそうであるように、主観的なものであり、あくまで自分の見え方がその人の基準になってしまう面がある。たとえ視覚機能がかなり劣っている人であっても、本人にとってはその状態が「あたりまえ」なので、不自由だという認識が生じにくいのだ。視力ならば近視、遠視、乱視のいずれでも、日常生活に不自由するので自覚しやすいし、手軽にその度合いを測ることが可能だが、視覚機能がどれだけ優れているかを測定するのは、主観的であるがゆえになかなか容易なことではない……。

そこで今回は「視覚」＝「ビジョン」のトレーニングを専門的におこなって、すでに多くの実績を挙げている、㈱イワキの安達俊幸氏にご協力いただき、自分がどれだけ見えているか（見えていないか）の判定、そしてどうすれば視覚機能を向上させることができるのかをレクチャーしていただいた。

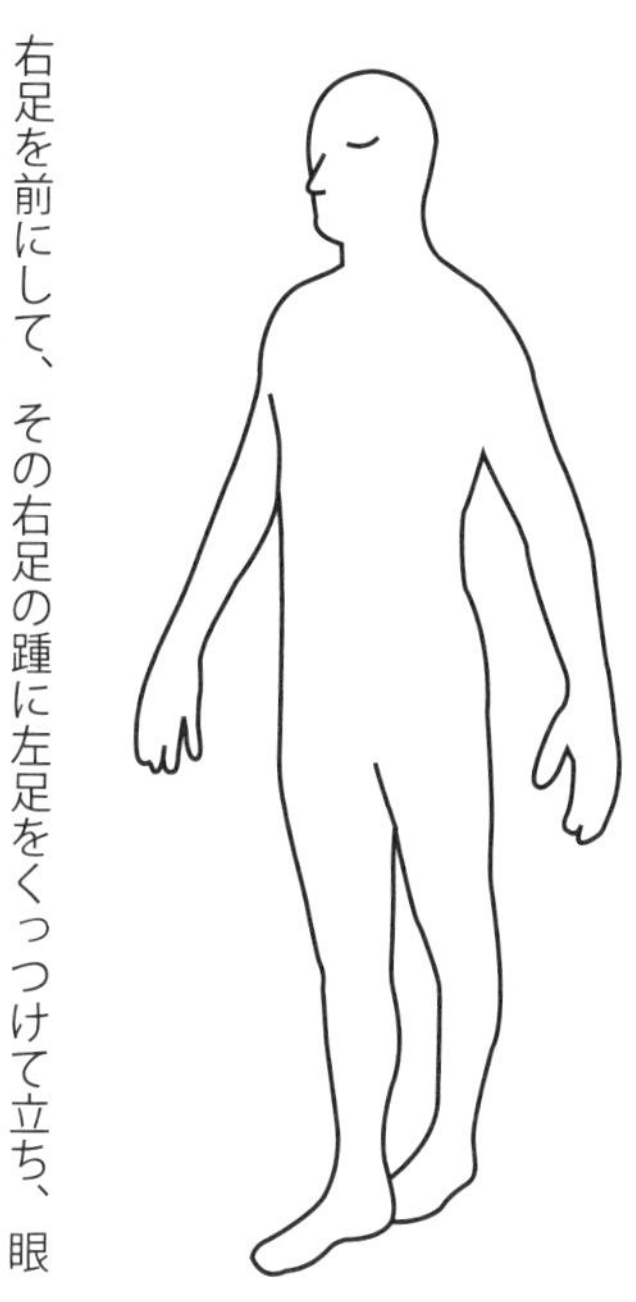

右足を前にして、その右足の踵に左足をくっつけて立ち、眼をつぶると身体がぐらぐらと揺れる。
眼からの情報が遮断されただけで、バランス保持が難しくなってしまう。

まず試してもらいたいのは、眼から入った情報が、いかに身体のバランスと密接に関わっているかを実感してもらう実験。

やり方は、右足を前にし、その右足の踵に左足のつま先をくっつけた状態で立ってみる（左足が前でもかまわない）。その状態で眼をつぶると、身体がぐらぐらと揺れないだろうか？　これは眼から入っていた情報が遮断されることで、バランス保持が難しくなった結果にほかならない。

じつは両眼から入った情報の2割は耳の奥にある前庭器官とリンクして、平衡感覚や姿勢コントロールに利用されてい

バランスビーム

（視覚に異存しない体感覚養成）

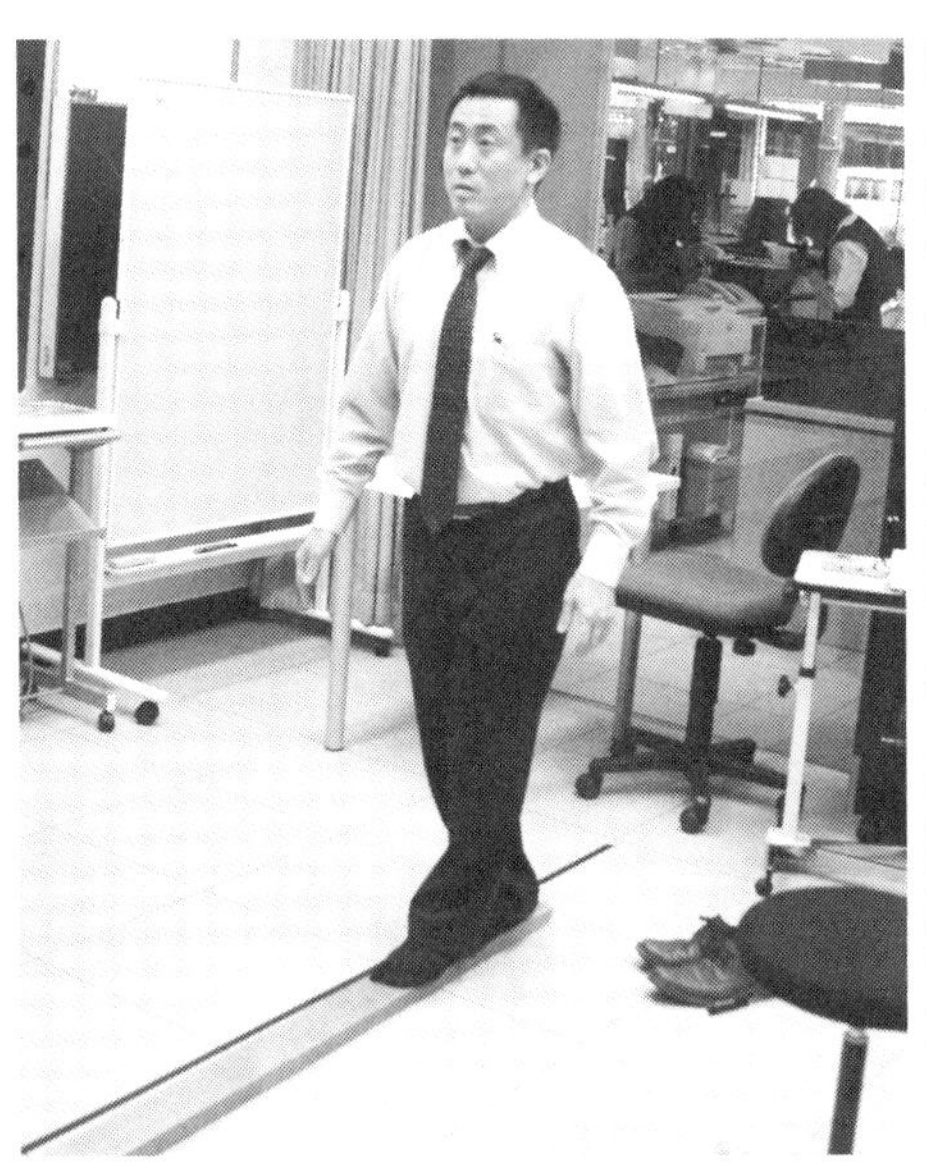

踵とつま先を付けるように足を送りながら狭い板の上をわたるトレーニング（バランスビーム）。眼をつぶると途端にバランスがとれなくなる人は体のバランス悪さの調整を多分に視覚情報に依存している。言ってみればシステムに無理をさせてしまっているのだ。

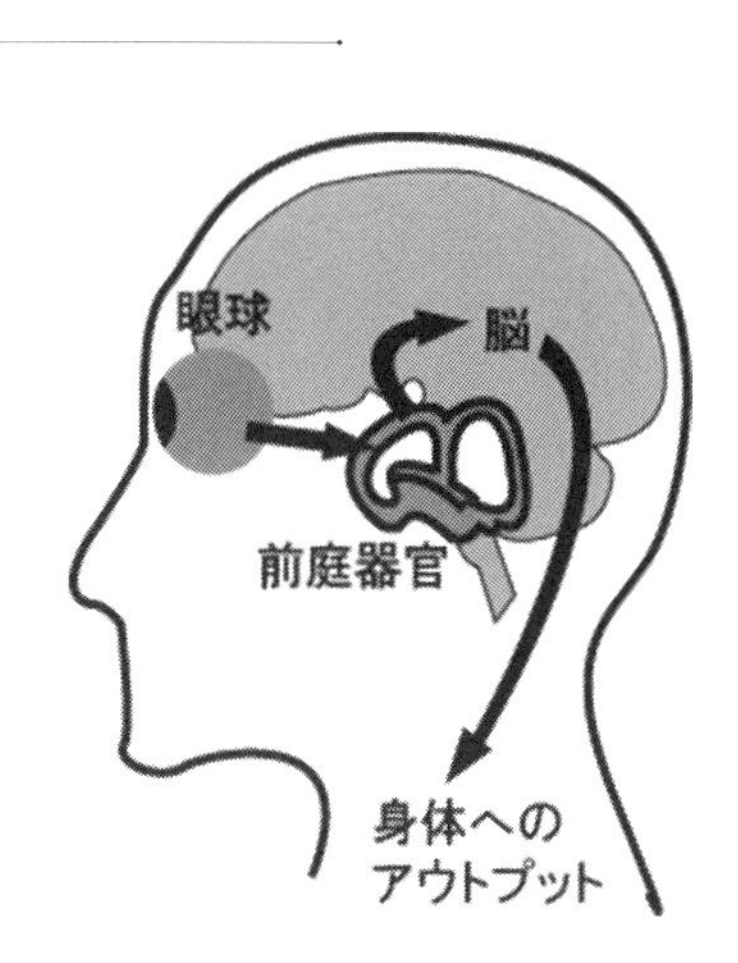

眼球から受容された情報は前庭器官とリンクして体のバランスをとる働きに使われる。武術に必要な〝眼を鍛える〟とは、眼球自体の受容能力でなく、この情報インプット〜情報処理・判断〜体へのアウトプットを正確・迅速に行えるシステム能力を養っていく事なのだ。これは経験を積む事でかならず向上させられる部分だと安達氏は言う。

る。先の実験で、目をつぶると身体がぐらぐらしたという人は、それだけ普段視覚に頼ってバランスをとっていたということになる。

そして、ここが肝心なところなのだが、視覚機能の限られたリソースを、平衡感覚やバランス保持で沢山利用してしまうと、他の視覚機能、つまり感覚機能、運動機能、情報処理機能にその分だけ支障が生じてしまうのだ。

そこでビジョントレーニングでは、前ページ写真のとおり幅の狭い板を使って、この上を手でバランスをとらないようにして、前足の踵と後ろ足のつま先がつくように左右の足を入れ替えながら端から端まで歩き、歩ききったら同じ要領で今度は端まで後退する。このとき、目線は足元ではなく、正面を注視する。それが上手くできたら、今度は眼を閉じて同じことを繰

眼球運動のチェック

ペンなどを目印とし、それで円状に動かしてもらい、眼で追随する。次に目印なしで同じ事を行う。目印なしだと途端に眼球運動がギクシャクしてくる。眼球運動を司っているのも筋肉。さまざまな理由でこれが固まってしまっている人は多い。そういう人はバランスを崩しやすい。

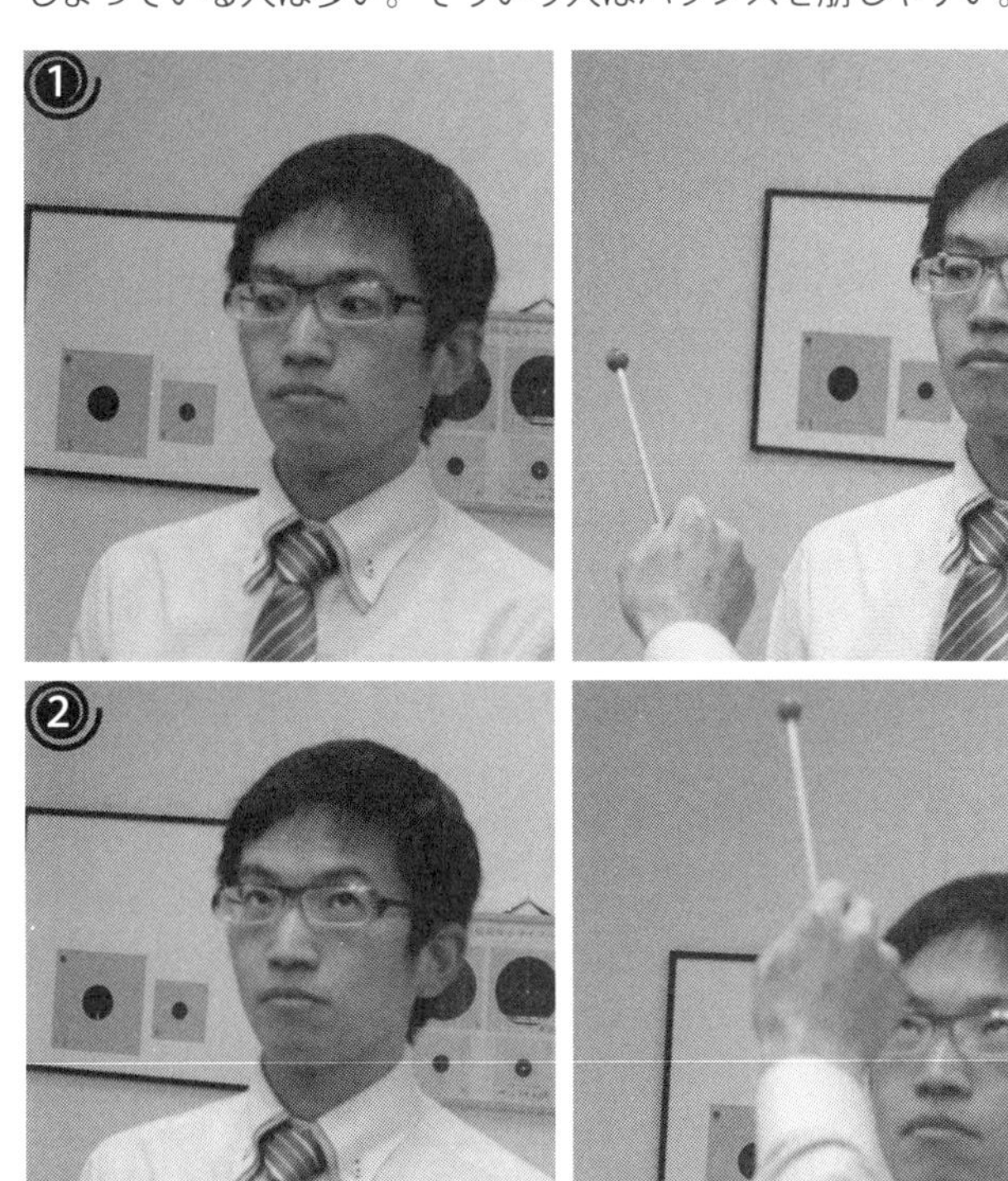

り返す（「バランスビーム」というトレーニング）。

そうすることで、視覚にできるだけ頼らず、全身のバランス感覚や位置感覚、軸の意識といったいわゆる「マッスルメモリー」（専門的には「固有受容」「固有感覚」という）に磨きをかけ、「観ること」に利用できる視覚機能のリソースを、より多く確保できるようにしていくのだ。

果たして皆さんは、どれだけ視覚に頼らずバランスを保つことができていただろうか？

次は眼球運動のチェック。二人一組になって向かい合い、ひとりの人（A）がペンもしくは指を一本立てて、ゆっくり円を描いていく（時計回り・反時計回り）。もう一人（B）は、その先端を顔を動かさずに眼球だけをぐるりと動かして眼で追っていく（追跡運動）。このときAは、Bの両眼が同じリズムで滑らかに円を描いているかをチェックする。

おそらく指先やペンといった目印があれば、わりと上手に眼球を動かせると思うので、それが確認できたら、今度は目印をなくし、Bは宙に先ほどの目印があるつもりで、ひとりで円周を描くように眼を動かしてみる。

すると多くの人がギクシャクした眼の動きになり、上手く動かすことができなくなるはずだ。その人はそれだけ眼の動きが固いということになる。普段なかなか自覚しづらい固さだが、第三者に見てもらうのは非常に有効な判定法だ。

この眼球運動が苦手な人は、眼の動きが固いがゆえに、動いているものを眼で追おうとしたとすると、眼球だけでなく大きく重たい頭部全体を動かす必要があり、そのつど頭部の重心が動くのでバランスを崩しやすく、全身のパフォーマンスを低下させてしまう。

「書店や図書館で本を探すとき、並んでいる本を指さしながら探しますよね。あれは指先を目印にしてマッスルメモリーが助けとなり、より上手く眼で追えるようになるんです。でも眼球の動きの固さは、バランスの悪さに直結しますし、武道・武術やスポーツでは、認知の一瞬の遅れが命取りになることがあるはずです。だから、眼球があらゆる方向に対し滑らかに動くようにしておくことが肝心なんです。

武道・武術の各種動作も、まず二本足で立ち、バランスをとって、相手の動きや目標を見て、それから動くという4つ以上の仕事から成り立っていて、それらの身体の感覚をまとめ上げているのが、視覚なんです。だから私たちはその視覚の重要性に着目しているのです。

先ほどから説明してきたとおり、視覚とバランスは密接不可分の関係にあります。ここで肝心なのは、私たちはつねに地球の重力と調和しながら生活しているということです。

だからこそ、眼から入った情報は、単にものを見るためのものではなく、すべての〝動き〟になくてはならないものなのです。脳と眼はそれだけ複雑に結びついていて、眼の機能が衰えると、

サッカード（躍動運動）

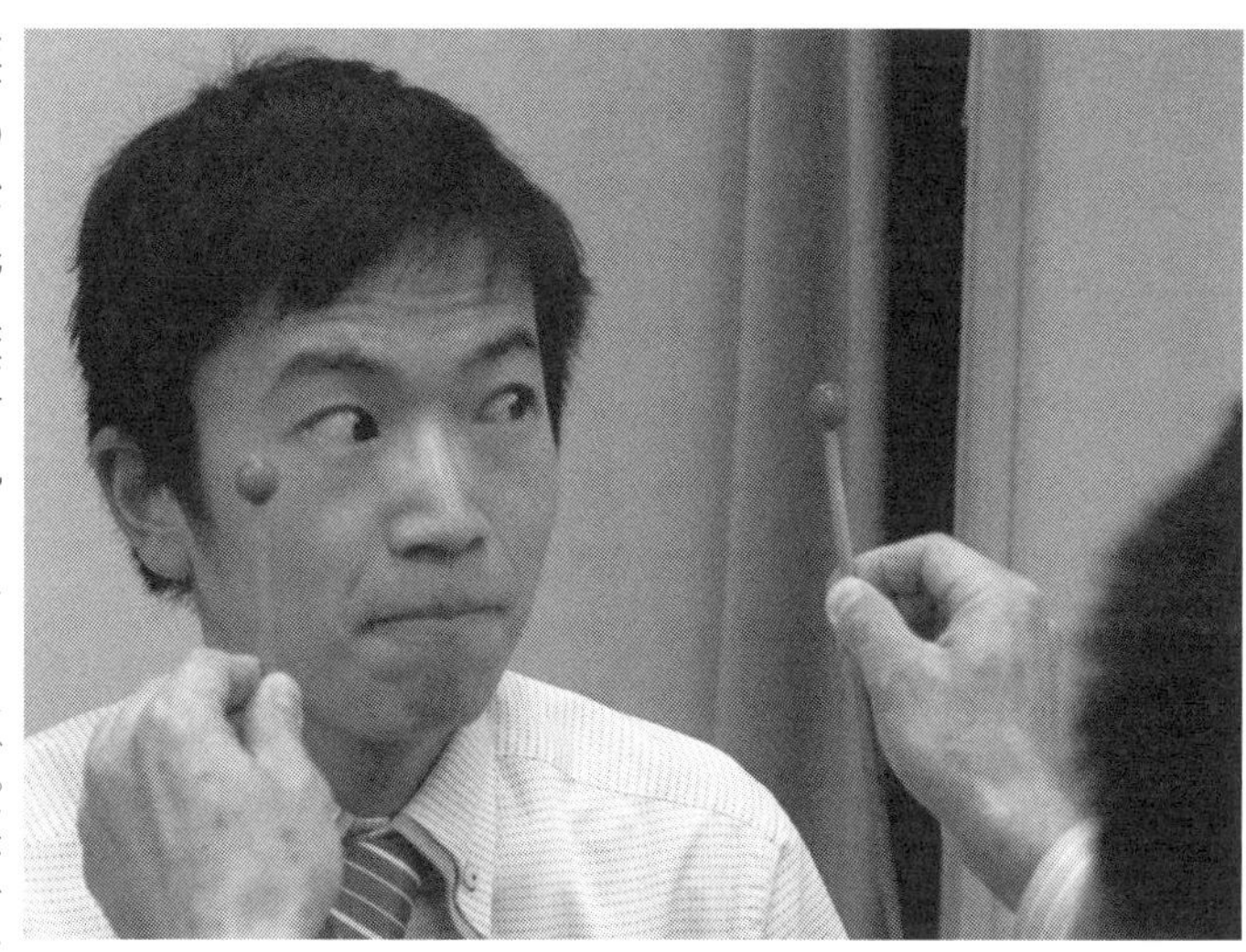

左右のペン先を交互に見るトレーニング。左右だけでなく、上下、斜めと方向を変えて行っていく。

人間の行動にまで大きな影響を与えてしまうのです」と語るビジョントレーニングの安達氏。

その安達氏が、視覚機能を高める第一歩として奨励しているのが、先の追跡運動とこれから紹介するサッカード（躍動運動）。

これはペンもしくは親指を立てた両手を肩幅よりやや広めに広げ、顔を動かさずに両眼を動かして、左右の指先（ペン先）を交互に見る。はじめは1秒ごとに両眼を左右に行き来させ、慣れてきたら徐々にテンポを早くしていく（メトロノームなどを利用すると便利）。

さらに左右方向だけでなく、上下、斜めと方向を変えて、眼を自由自在に素早く正確に動かせるように鍛えていく。

このトレーニングは座って行うのが基本だが、立位でやると重力の影響が増えるのでより難しくなる。逆に座った状態でも上手にできない人は、寝た状態でやるとバランスをとる負荷が減って、より集中して行える。視覚を鍛えていくには、段階的に負荷をかけていき、集中力が分散される状況下でも、全身はバランスを維持したまま、眼球を自由自在に動かす練習をするといい。

② 三次元的視覚

これらは視覚の基本機能、つまり日常生活を支える機能そのものだが、ここから徐々により武道・武術向けの視覚をチェックしていこう。

まずは両眼のチームワークのチェックから。立体感や距離感、空間の位置関係というのは、左右の眼から入った情報をひとつに融合することで初めて認識することができる。ということは、右眼の見え方と左眼の見え方の差が大きいと、それだけ距離感が不正確になるということだ。

そこで両眼がどれだけチームワークよく、一緒に働いているかをチェックしてみよう。まず両手の親指を立てて、片手は鼻先10センチ、もう片方の手は伸ばせるだけ前に伸ばす（高さはいずれも眼の高さ）。そして手前側の指先と奥側の指先を1秒ごとに交互に見る（「2ペンシルロック」というメソッド）。

このときの眼の動きを、誰か別の人に見てもらい、左右の眼の動き方がずれていないか確認してもらおう。両眼がスムースにシンクロしながら動いていれば問題ないが、そういう人はごく稀だ。大半の人は左右の眼それぞれにクセがあり、たとえば、左眼だけ寄り眼になるのが不得手だったり、寄り眼からの戻りが鈍かったり、となりがちだ。

しかし、この両眼のチームワークはいわゆる動体視力を支えている重要な部分でもあり、動体視力が優れている人は、例外なくこの両眼のチームワークが優れているので、これもぜひ鍛えて

2ペンシル・ロック

手前と奥を交互に見るトレーニング。距離感、近付いてくるものを捉える能力等に影響する。この時の眼の動きのスムースさは自分が思っている以上左右差があるものなのだという。誰かにチェックしてもらうと弱点がわかるかも。

おきたい眼の機能だ。この2ペンシルロックのトレーニングを1分間やるだけでも、チームワーク向上の効果があるので稽古の合間の日課にしてはどうだろうか。

また、より短い時間内に眼で多くの情報を取り込み、それを脳に伝える能力＝「眼の反応時間」も気になるところ。

「眼の反応時間」がどの段階にあるかを知るには、クルマに乗っているときに、対向車のナンバーを一瞬で読み取れるかをチェックしてみるといい。ナンバープレートの4桁の数字を、左から右に読むのは比較的容易だが、右

虫這いトレーニング

同様の事を手前〜奥に張った紐の各所をなぞるように眼で追ってやる方法もある。ちなみに、飛んでくるパンチを捉える等の動体視力はここで養われる眼球運動性能が大きく関わってくるらしい。〝線〟でなめらかにとらえられずギクシャクしてしまう人は〝いきなり眼前にパンチが！〟という事になる。

から左に読むのは思ったよりも難しい。さらにその4桁の右端と左端の数字を一瞬で足し算したりすると、そのまま反応時間のトレーニングになる。ただし、安全運転最優先で、慣れるまでは運転席以外に座っているときに取り組んでもらいたい。

最後に「周辺視野」、つまり目標物を意識しながら、同時にどれだけその周囲の動きも捉えられているかということ。広い視野からの情報収集の重要性は、本誌読者なら身に染みていることだろうが、実際にどれだけ見えているかというと、試したことはないのでは……。

周辺視野の感度を上げる

（眼球を動かさず広い範囲がとらえられる）

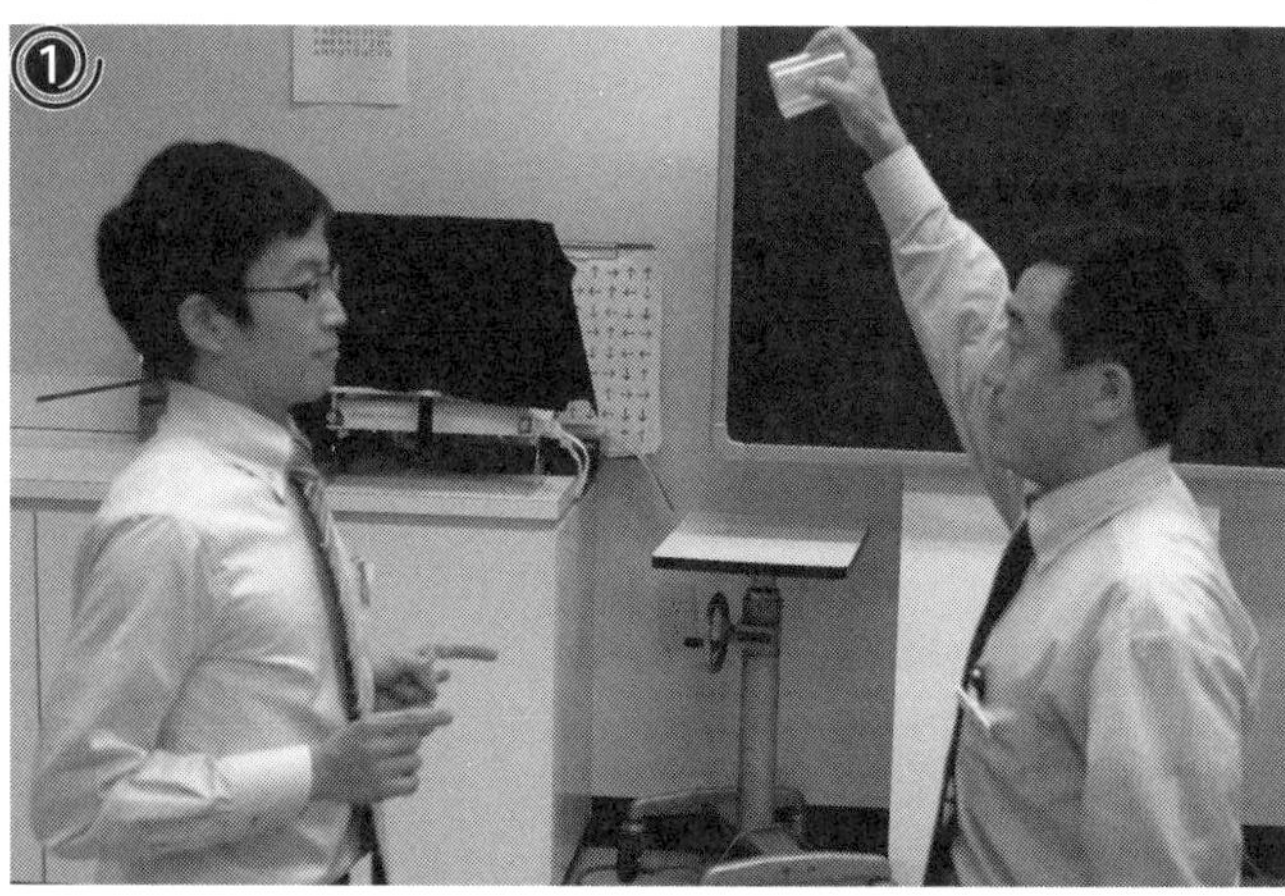

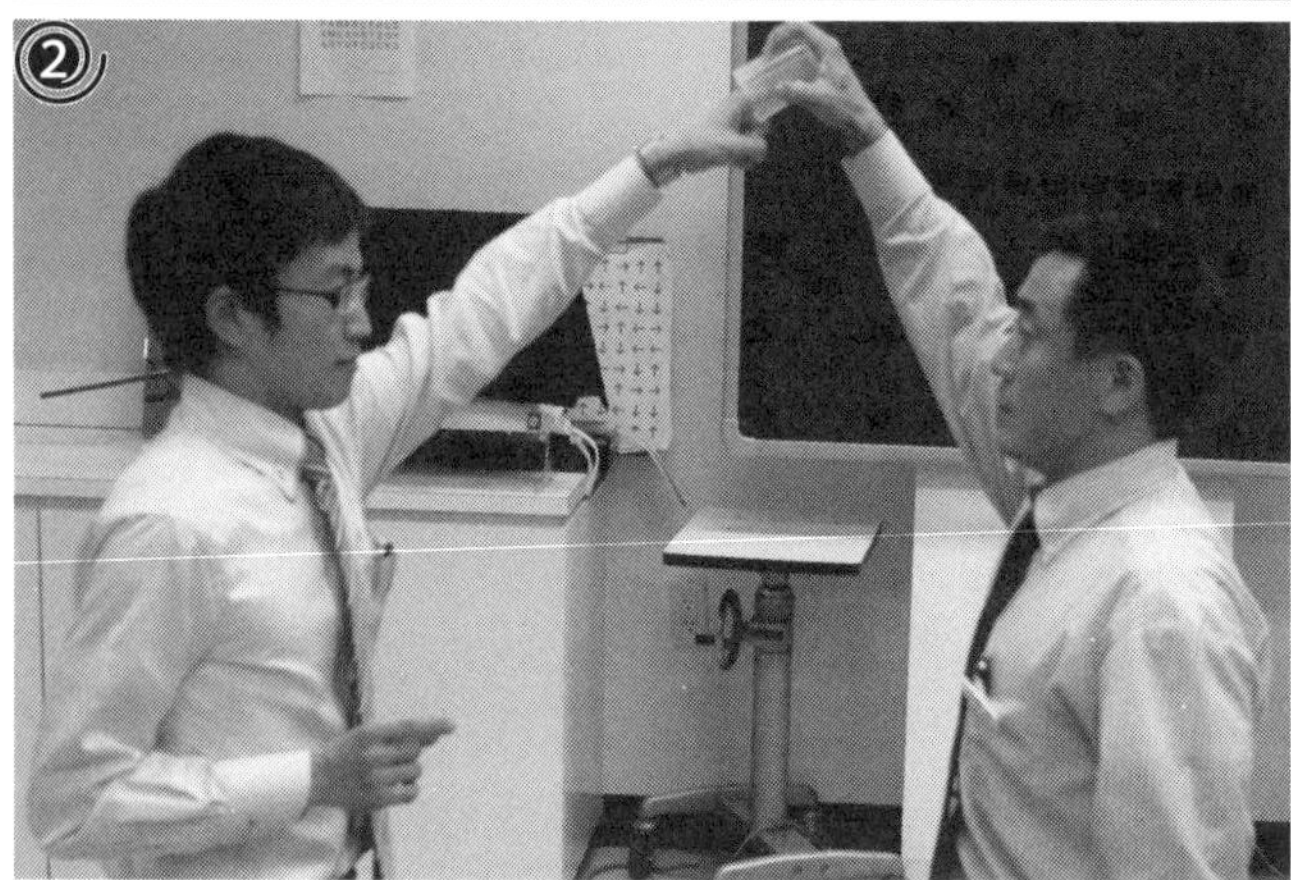

ランダムな位置に差し出されたコップに、視点を動かさないままそこへ向けて指先を入れる。周辺視野の感度や、受容〜アウトプットシステムが養われるトレーニング。

そこでコップを用意して、以下の方法を試して欲しい。

まず二人一組でペアになって向かい合う。そして被験者は相手の鼻を見る。もうひとりの人はコップの口を相手のほうに向けて、それを上下左右、斜めと自由自在に動かして、その動いたコップの口に、被験者は手を伸ばして自分の指先を入れるようにする。このとき視点は相手の鼻に固定し、眼球を動かすのはNG。これで、どこに何があるのかという感覚を確認することができる。

ポイントは、手を伸ばすときは一直線にスムースに。そして失敗したときも、一度伸ばした手は必ず胸前まで戻してから再チャレンジすること。また、コップをもっている側の人は、被験者が眼球を動かしてしまった場合は、「いま眼が動いたよ」と指摘することも忘れずに。

この手のトレーニング方法は、少林寺拳法の「八方目」が有名だが、武道・武術においては、眼の動きで相手の攻撃の意思を察することはままあるし、意のあるところに視線がいくと、そこから相手に動きを読まれ、裏をかかれることにもなるので、こうした鍛錬は非常に有効だ。

宮本武蔵も「目の玉うごかずして、両わきを見る事肝要也」とその必要性を五輪書で説いているので、周辺視野を広げる稽古は、普段から取り組んでおくべきだろう。

とくに昨今は、パソコンなどの影響で、一日の中で一点を凝視する時間が長くなり、知らず知らずに眼の動きが固くなってしまっている。しかし、安達氏のいうとおり、視覚機能こそが人間

周辺視野トレーニングや瞬間視トレーニングなどさまざまなプログラムが行えるマシン"スープリュームビジョン"。

の身体の感覚、身体の動きをまとめ上げている要であり、眼球の動きをスムースにすると同時に脳の処理能力が向上すれば、日常生活から武道・武術のパフォーマンスがアップすることも期待できる。

「本当に眼がいいといえるのは、視覚がいいということであり、その視覚＝ビジョンは学べるものであり、向上できるものなんですよ」（安達氏）

今回の視覚チェックでショックを受けた人もいるかもしれないが、ビジョンの向上が武術上達のカギを握っている可能性もあるので、積極的に稽古に取り入れてみることをおすすめしたい。

コラム

「武道とクルマ」

モータースポーツのアイ・コントロール

文◉藤田竜太

藤田　竜太
Fujita Ryuta
自動車体感研究所（ドライビング・プレジャー・ラボラトリー）所長。自動車専門誌の編集部員を経て、モータリング・ライターとして独立。90年代は積極的にレースに参戦し、入賞経験多数。武道歴は39年（少林寺拳法　七段）

武道とクルマ（運転）には、一見なんの関係もなさそうだが、筆者の考えではおどろくほど共通点が多い。とくに眼の使い方に関しては、ハイスピードで疾走するレーシングドライブにおけるアイ・コントロールが、相手の素早い攻撃、動きを捉えなければならない武道・武術の目付けの参考になる点が多いと思われるので、ここでいくつか紹介しておきたい。

1　姿勢と視覚

武道・武術において、「構え」が非常に重要であるように、モーターレーシングの世界でもすべては正しいドライビングポジションからはじまる。高速で移動しているクルマの中で、正確に状況

写真◎KURAGON

を認知するには体内座標の確立が欠かせないからだ。とくに頭部が動くと脳内座標がずれるので、頭部は地面に対しつねに垂直をキープする。そして両眼は水平を保つのがコツ。人は2つの眼で距離と位置を把握しているので、首が曲がると的確な判断ができなくなる。ときどきコーナーで必要以上に首を傾けている人がいるが、あれでは正確な視覚情報は得られない（首を傾けると、真っ直ぐ歩くのも難しくなるはず）。「構え」＝ポジションを見れば、その人の実力がある程度わかるのは、武道もドライビングも同じ。できるだけ脊椎を真っ直ぐ保てるようにシートバックをたて気味にして、できるだけ深く腰掛けるのが、正しいドライビングポジションの基本。

2　視線は、線ではなく点で動かす

時速２００キロオーバー、ときに３００キロにも達するレースの世界。時速100キロでも1秒間に約28mも移動するので、時速200キロを超えると、はっきり見える視界の範囲が狭くなり、いわゆる〝黒いピラミッド〟のような景色になる。そこまでスピードを出さなくても、ハイスピードで走っているときに、眼でコーナリングラインを線で追ってしまうと、景色が流れるように見えて、実際以上にスピード感が増してしまう。そこで、コーナーが近づいてきたら、ブレーキを踏み始める点、ステアリングを切り始める点、コーナーの中間点、コーナーの出口の点、と視線を点で追うのが、ひとつの秘訣になっている。つまり〝切り替えていく〟のだ。眼球が固まったままではこの切り替えが上手くいかず視界が流れていってしまう。

また教習所などでも、「速く走るときは目線は遠く」と教わったことがあるだろうが、目線は「〇〇メートル先」といった距離ではなく、1.5秒～2秒後に自分が到達する場所を見るのがコツ。コーナーで視線を点で動かすタイミングも、距離で計るのではなく、時間で計ることが大事。走りなれない道で、前走車がいた方が走りやすいのは、前走車を見ることで、自然に1.5～2秒先の自車の位置に目線がいくようになるからだ。

3　視界は広く

これは武道もドライビングもまったく同じ。周囲に目を配れない＝隙がある＝危ないということになる。レースでも一般公道でも前方への意識は7割程度で、残りの3割は、つねに左右、そして後方（バックミラー）にも目配りをする。クルマを運転される方なら、安全を確保するためには見なければならない所が非常に多い事をご存知だろう。安全運転自体が、この辺の感覚を知らず知らずのうちに養っている。さらに言えば、熟練者ほど〝キョロキョロ〟とはしていない。眼球運動や視覚認知能力を要領よく発揮させているから、と言えるかもしれない。

この目配りを鍛えるには、ホコテン（歩行者天国）レースが有効とされている。つまり雑踏の中を周囲の流れに逆らわずに、他人と接触することなく、できるだけ速く歩き抜ける練習だ。また、高速道路の料金所も格好の勉強の場。進入時は一番空いているゲートを一瞬で見抜いてそこに並び、ゲートを過ぎたら、周囲のクルマよりあえて控えめな加速で、できるだけいいポジションになるよう本線に合流する。もちろん安全最優先で、他車に迷惑をかけないことが大前提だが、これが馬鹿にならない練習になる。

このようにクルマの運転という非常に身近な作業で、武道・武術のパフォーマンスアップにつながる〝稽古〟がいくらでもできるので、運転＝目付けの鍛錬と思って取り組んでもらえば、稽古量が何倍にも増やせるのではないだろうか⁉

第2章

■SRS研究所

速読法の権威に訊く！〝全体を同時に観る〟方法

栗田昌弘

取材・文◉『月刊秘伝』編集部

① 人間は〝見の目〟で当たり前？

――今回おうかがいしたいテーマは〝観の目〟なんですが、この言葉はご存知ですか？

栗田 もちろんです。『五輪書』ですね。実は私がSRS（Super Reading System 能力開発法）で物事をとらえるキーワードとしているのが地、水、火、風、空、に人、物、命の3つを加えた8つなんです。『五輪書』の影響を受けた訳ではないんですけどね。これは元々仏教の言葉です。

――そうでしたか。まずお聞きしたいんですが、速読とは、どういう事をするものなんですか？

栗田 通常人は文章を読む時、一行ずつ物を読んでいきます。小学校の時を考えると、一字一字読む所から始めて、一単語一単語音読する事をして、やがて音読をやめて黙読に変わります。黙読になると「～は」とか「～して」とか、フレーズごとに読むようになります。けれども、一行ずつ読むという所から脱出出来はしません。結果として、一分間に読む字数が８００～９００字くらい。これが通常の読書の限界ですが、速読はこの限界を越える方法です。一行ずつ読まない。まず移行段階としては、複数行読む、という事をやります。さらにレベルアップして、もっと大きなまとまりを読む、というやり方に入っていく。言うは易く行うは難しなんですが、それを支える基礎的な能力……目の能力と意識、心の能力、の両方を揃えていくと、複数行を並列処理出来るようになっ

栗田 昌裕

Kurita Masahiro

昭和26年愛知県生まれ。知的情報処理能力を総合的に改善する栗田式ＳＲＳ能力開発法・ＳＲＳ速読法の提唱者。「指回し体操」の開発者。内科医師。医学博士（東京大学）。薬学博士（東京大学）。東京大学理学部卒業。東京大学大学院修士課程修了（数学専攻）。東京大学医学部卒業。米国カリフォルニア大学留学。三楽病院健康管理科医長、東京大学医学部附属病院第二内科（助手）勤務を経て、平成13年４月、群馬パース大学教授（保健科学部）。平成21年４月、群馬パース大学大学院教授（保健科学研究科）となり、現在に至る。

文部科学大臣所管・生涯学習開発財団認定の唯一の速読マスター。

眼球の構造

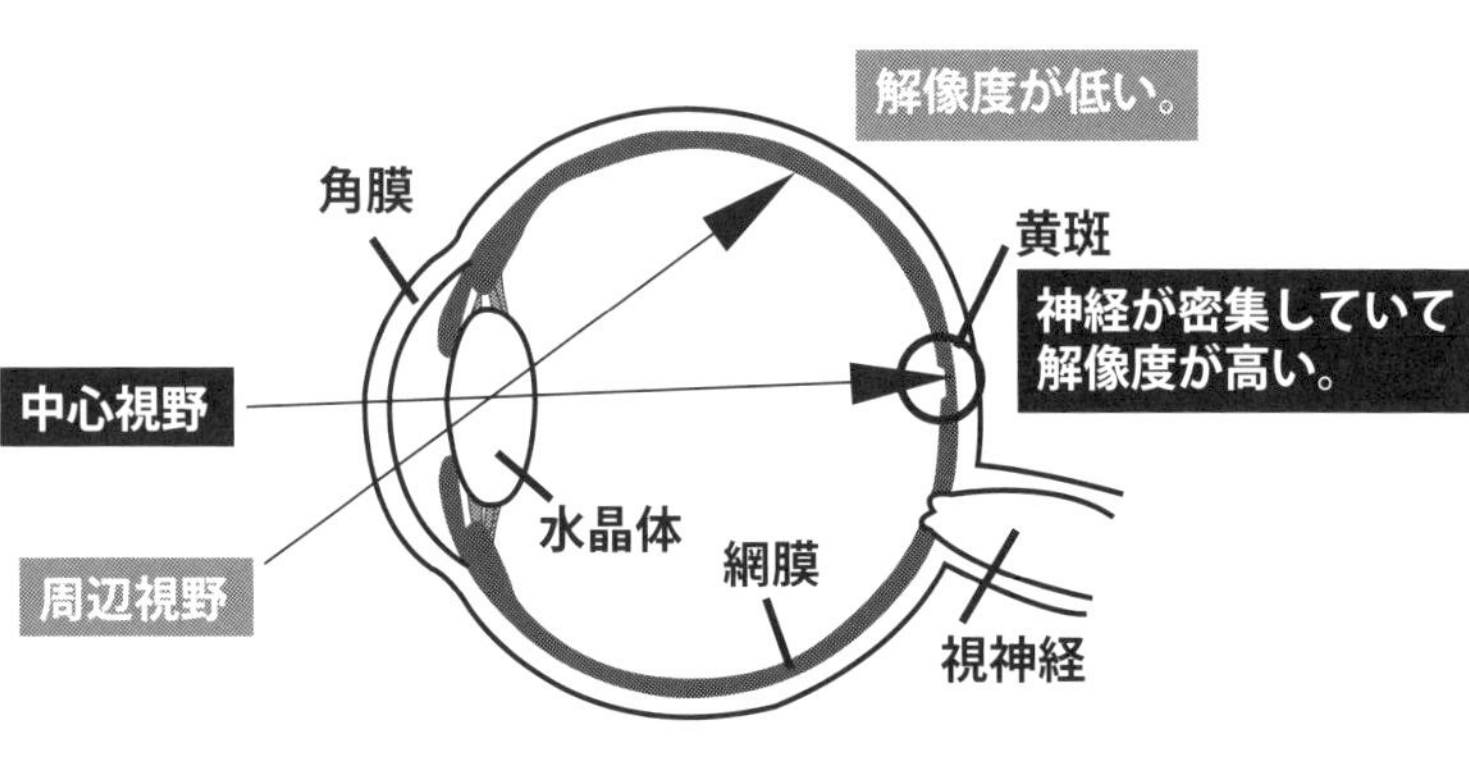

ていく訳です。すると、5000字以上読む事が出来るようになって、10000字20000字と読めるようになっていく。

——凄いですね。自分には文字はなぞるように追って行かないと読めません。

栗田　そうですね。それが普通です。

——〝見の目〟なんでしょうか。

栗田　ある意味仕方のない事で、人間そのものの仕組みがそうなんですね。人間の根本が、局所にとらわれてしまうような目を持っている。まず、人間の目というものがどういう仕組みになっているのかをみてみます。人間の視野というものは、中心視野と周辺視野の2段階から出来ています。中心視野というものは、黄斑というところでものをとらえている。そこは神経が密集している所で分解能が高い。物をシャープに見ようと思うと、そこ

通常、文章を読む時、一度に文字として認識出来ているのは7～8字程度。この範囲が〝中心視野〟に相当する。その他の部分は視覚情報として目には入ってきてはいるが、〝周辺視野〟ゆえに文字としては認識出来ていない。

に焦点が合うように、眼球を動かしてしまう、という仕組みなんです。

――黄斑で見るというのは、どのくらいの範囲ですか？　例えば文章を見るという場合では。

栗田　基本的に私たちは文字視野というものを持っているんですけれども、例えば本を30センチ先で見ている、という時に何文字くらい読み取っているかというのがそれに相当します。普通の人で7～8文字ですね。実際に見てみて下さい。

――なるほど、確かに……。狭いもんですね。

栗田　距離が遠くなると広がっていきますけどね。ざっと言えば、人の〝顔〟を見るくらいの範囲と考えればいいと思います。そういう生理学的仕組みがあるので、物をちゃんと見ようと思うと必ず視線を合わせて、中心視野で見てしまう。もう一つは、小さい頃から一貫して学校教育で、黄斑＝中心視野を中心にして物をとらえ、考えてきたという歴史を持っている、という事がありますね。本はすべて中心視野で見る。テレビ番組にせよ、映画にせよ、中心視野をもって主人公や主なストーリーを追う、という事をしてきています。あらゆる知的情報処理、知性の働きが、中心視野と連結して出来ていて、それ以外の事をあまりした事がない。だから武道でも、注目してしまったら中心視野を使う、という仕組みが働く訳です。逆に言うと、注目してない所は疎かになる、という仕組みも同時に裏として働いているので、そこで虚をつかれると負けてしまう、という事が起こる。武道でも格闘技でもどうやったらその隙に当たる所を埋められるか、という事は必須の問題ですよね。

——その通りです。もし仮にですが、人間の目の網膜全体が黄斑のような神経の密な状態だったらどうなんでしょうか？

栗田　中心視野で物を見るようにデザインされているのが人間の目ですから、それはあまり合理的ではないです。人間の眼球には筋肉が3対あって、眼球運動するように出来ている、それ自体が中心視野で物を見るように出来ているという事なんです。仮に目の方がそれに対応したとしても、脳の方がそれに対応してないと処理しきれないと思います。

――なるほど、目の性能だけ良くても駄目なんですね。

栗田　それは意識と無意識という事にも関係があるんですけど、その、中心視野に直結した所は文字を習う所、言語、を習得する所です。中心視野で文字を見て、中心視野で言葉を学んで、中心視野で出力をして書く、という事をやっていますから、言語的知性……これを表面意識と仮に言うと、表面の意識は全部、中心視野と結び付いている。もう一つ大事なのは、中心視野は非常に遅いという事なんです。中心視野から言語回路に情報が入ると、言語回路自体が非常に遅いシステムなので、反応も遅くなる。それは、脳機能の方でみると、目から入った情報は、風景の情報もあるし、文字情報もあるんですけれども、文字情報と風景の情報は分かれる訳です。分かれた文字情報は、いわゆる言語中枢という所に行って、そこで処理されて、出力されていきます。そっちの方が格段に遅い訳です。大事なのは言語中枢に入れないという事。おそらく、あらゆる武道が、言語中枢に入れないような仕組みを工夫しようとしていると思うんです。

2　処理の話と〝魚〟モデル

――武道で言語的に考えていたら間に合う訳がありませんからね。そうか、〝処理〟の問題になってくるんですね。

栗田　情報処理は、入力と処理と出力に分かれています。入力装置は目なんです。目の装置そのものが2つに分かれているという話を今したんですけれども、今度は処理装置の方が大局的な処理に対応出来てないと意味がない訳なんですよね。観の目というのは2つの事から成り立っている訳で、ドカッと大きく入れて広く処理する、という事をしなければならないんです。従来は小さい所で情報処理をしてきた、黄斑の所で文字を読むような人生を過ごしてきたけれども、それを広げて、もっと周辺を使った所で処理をしましょうと。その時に、速読というのはスピードの問題なので、速く入れる、という事を重視する訳です。ゆっくり入れると、実は従来の言語領域が働いてしまうんです。速く入れる事によって従来の言語領域でない所を働かせるというのが、能力開発上のポイントなんですね。

——言語領域でない、とするとどこを？

栗田　潜在意識の領域ですね。脳で言うと脳幹を含む深部の領域です。言語領域の方は大脳皮質ですね。表面ではなく、奥の方に入れる、という事を指導する訳です。小さい表面意識でなく、大きい潜在意識の領域を使う訳です。このイメージを私は〝社長さん〟と〝無数の魚たち〟に例えて教えています（次ページ図参照）。小さい陸地で一人でガツガツ働いてこなしている、というのが従

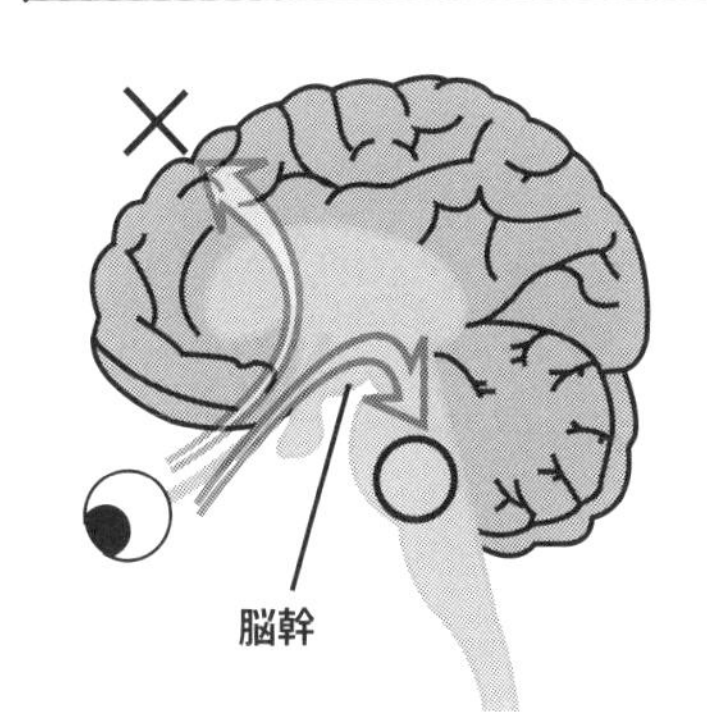

右と同じ事を脳部位で言えば、潜在意識は脳幹を含む深部領域に相当する。大脳皮質の言語領域に入れてしまわない事が大切。

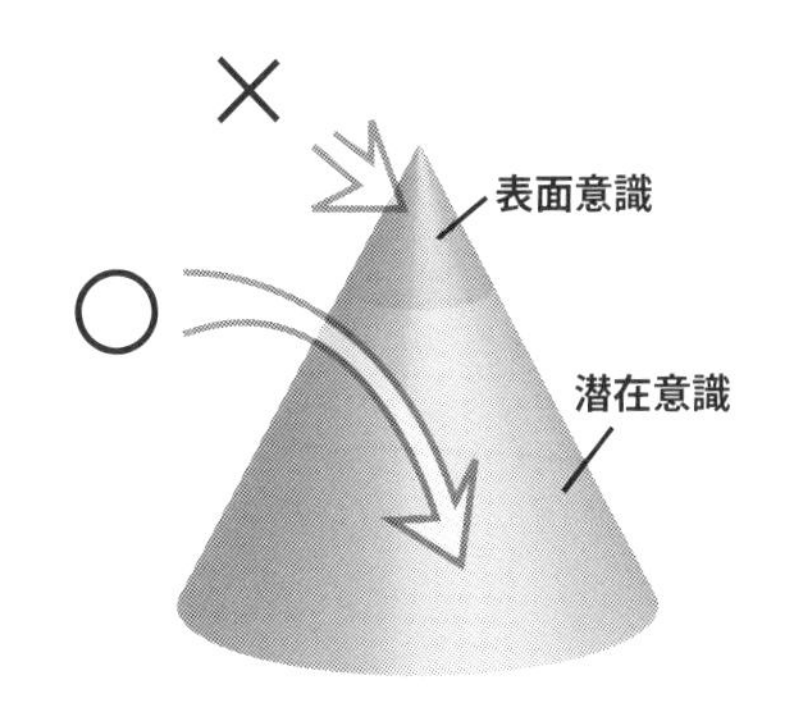

意識と情報入力のイメージ・モデル。小さい表面意識でなく、大きな潜在意識の奥の方に入れる事によって〝大観ファイル〟が作られる。

上掲図をふまえ、入力~処理のイメージを、栗田氏は〝社長さん〟と〝無数の魚たち〟に例える。表面意識は狭い陸地で潜在意識は大海。従来は多くの人が〝中心視野〟でとらえた情報を狭い陸地の上でたった一人の〝社長さん〟が懸命に働いてこなしていた。ここは〝言語領域〟に相当し、頑張ってはいても、遅い。しかし〝大観〟型では、処理するのは陸地の〝社長さん〟ではなく、広い大海にいる〝無数の魚たち〟。こちらはいわば潜在意識の領域で、あたかも魚たちが一つのエサに群がって食むごとく、一気に処理してしまう。「頑張り社長孤軍奮闘型」の会社よりも「末端社員総頑張り型」の会社の方が効率が良いのと同じ⁉

入力→処理のイメージ

来の言語領域での処理ですね。そうではなく、処理するのは大海にいる無数の魚たち。それも一気に群がるイメージです。だからあっという間、速いんです。〝社長さん〟は自らジタバタするのでなく、管理するんです。

――あっ、何となくわかります。

栗田　大きな視野を使って、スピーディーに、深い所に投入する、これが入力のキーワードです。そうすると、そこは実は広い海の中で、強力な〝魚たち〟がいて、……そして、それを、陸上の〝社長さん〟が明るく見通して、管理をする。こういう全体の事を並列処理というんですね。キーワードで言うと、分散入力という事をして、並列処理に繋いで、それを統合出力という形で出していく。

――分散入力というのは、例えば周辺視野を使っての見方ですね。

栗田　そうですね。ただし、〝配心〟（心配り）という概念、これが最も大事な事なんです。目の所で大きく見ても、そこに心を投入するっていう事が出来ていないと、世の中では使えないし、物を認識出来ない。広げたつもり、では駄目で、本当にそこに意識が配られないといけない。武道の世界では心と言わないで気という事もあるかもしれませんね。速読を教えるにはここにほとんどの時間を使っていると言っていいです。速読が出来る人はそれが出来るし、出来ない人はそれが出来ないんですね。単に考える、でなく意識を配る、というセンスを発達させる事が重要なんですね。

――〝出力〟については？

栗田　私は出力のキーワードとして6つ、要・集・観・展・創・力と教えているんですが、この中心に〝観〟という言葉が出てくるんですね。〝観〟というのはこの場合、「vision」という事になります。つまり、行動を支える「vision」を作るという事が、実は〝観〟の最も大事な所で。大きく入れて、広い所で処理をした時に、大きなファイル……これを「大観ファイル」というんですけれども、「大観ファイル」というものをきちんと構築すると、あらゆる時空、時間と空間に適した良い出力ができる、という概念なんですね。ちなみに、SRSで主眼にしているのはそういう所であって、速読はあくまで結果の一つなんです。本を読む訓練をしていると思われがちなんですけど、本を読んだら遅くなるだけなんです。それは従来の読み方が定着するだけですから。

3　トレーニングの実際

――実際のトレーニング法をいくつかご紹介いただけますか？

栗田　3D写真の立体視は周辺視野を高めるという事と関係してます。5段階の効果があって、第一段階として、自律神経の調和効果、これは焦点をきちんと調整するという事からくるものです。

立体視トレーニング

左右の目でそれぞれ別の画像をとらえ、脳内で像を結ばせるのが立体視トレーニング。画像の中心だけでなく、隅々までをも結像させようとする事によって、周辺視野を使うトレーニングとなる。

まずは左の図Aでウォーミングアップ。立体視にはクロス法とパラレル（平行）法の2種があるが、この図はそのどちらでも見る事が出来る。

クロス法　右の目で左の画像、左の目で右の画像を見るため、視線が画像より手前で交差する。右目で左、左目で右、をきちんと見ているかどうかは、片目をつむってみて確認するとよい。まず紙面より手前の点に焦点を合わせるように"寄り目"を作ってから試みるとやりやすい。見かけ上3つの四角が見える状態になり、結像すればそのうちの真中が立体に見えてくる。それぞれの目がそれぞれの画像を別にとらえてはいても、それがなかなか一つの像を結ばない状態が続く事もある。それでも根気よく、像を結ぶべく"念ずる"事。それ自体が脳調整のトレーニングになっている。

パラレル法　右目で右画像、左目で左画像をとらえるので、焦点は紙面よりずっと奥になり、視線は画面の手前では交差しない。上手くいかない場合は右図の☆の位置に紙などでついたてをした上で遠くを見るようにしながら合わせていくと見やすくなる。

なお、図Aをクロス法で見ると中央の四角部分が手前に浮き上がって見え、パラレル法で見ると逆に向こうに沈んで見える、というのが正解。

図Aがクロス法、パラレル法の両方で見る事ができるようになったら、今度は42～43ページの写真の立体視に挑戦してみよう。それぞれクロス法、パラレル法で見た場合のみ立体に見えるように出来ている。

像を結んだら、景色の隅々まできちんと焦点が合うように意識する。

周辺視野を使うための

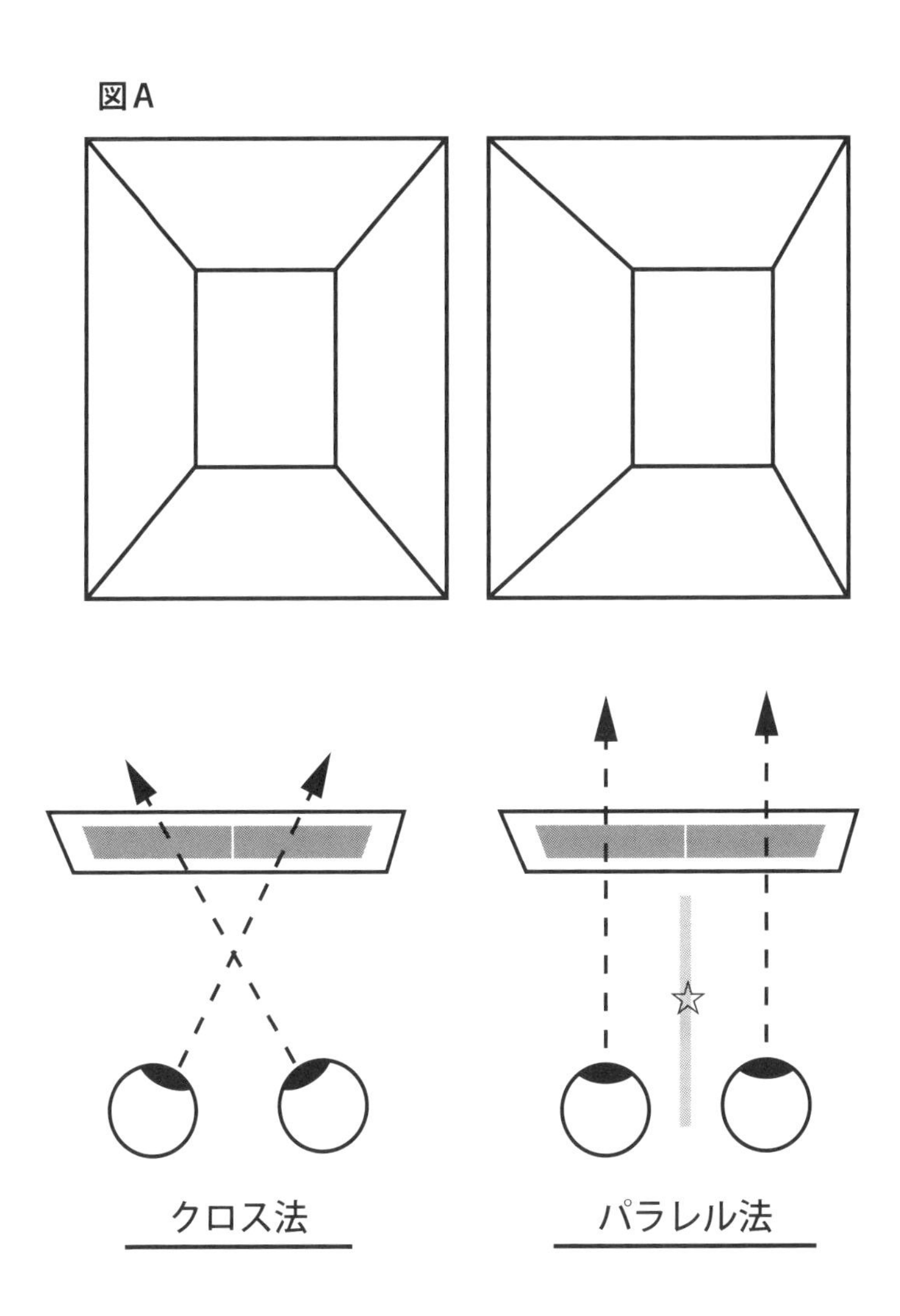

クロス法

周辺視野を使うための

パラレル法

第二効果として、眼筋を均等に使用するという事。眼筋は上下左右斜め、あまりきちんと使っていないんです。指と同じで、指もちゃんと使うと全身にバランス良くシャキっとします。目も同じで、脳幹を活性化するのが眼筋の均等使用効果です。第三は視野の均等使用効果。これは脳の方の話で、中心視野だけでなく周辺視野の方もピシッと合わせようとする事によって、周辺視野が仕事をしようという気になってくるんです。普段私たちは本当に中心視野しか見ていないんです。写真の場合は、面ですから、合うとしたら、全部ピシッと合います。そういう意味では、全体が広く働くという効果が起きるので、普通の風景をただ立体的に見ようとするよりも、3Dを使った方が、全体がちゃんとシャキっとします。隅から隅までちゃんと立体的に見えるように念ずる事によって、視野を全部使うという事が起きてきます。そういう風にして、立体空間が中で出来上がると、ここが空間を扱う領域なんだという事が自分でわかりますよね。今度はそこを、広げていく、という事が第四段階、第五段階になって、時間と空間をとらえる力に繋がっていって、内面の世界を広げていく、という事になるんです。基本的には、これは速読のサポートをするための道具立てなんですね。

――3D視というのは、出来ない人は本当に出来ないんですよね。

栗田　そうみたいですね。でも、一緒にやると出来るんです。ちょっとしたきっかけなんですよね。基本的に風景が立体的に見えている人は出来るはずなんで。ただ、目のコントロールという事がピンと来ないと、なかなか難しい。どうやって目線を微調整するかという事と、目線が合った後で頭がどう調節するか、脳の方の適応と、２段階ありますね。トレーニングとしてはもう一つ、手と指の運動はとても効果的です。一つには自分で動かせるし、見えるからです。脳は見えません。だから私たちの大事なものは、皆、手に集約されている。なぜなら、手は出力の最も大事な道具なんです。あらゆるものがここに向かって構築されてるんです。例えば指先で何か持とうとする時、これを支えるために腕が働き、腕を支えるために胴が働いている。それを支えるために足が姿勢をとっている。指先のわずかな動きに、全部の運動系が集約されているんです。最も進化した道具ですからここが活性化されると、土台が皆、繋がって活性化される。あらゆるものが手に繋がっている。医学的に言えば、頭と手の関係は密接ですから。頭が全てに繋がっているので、手もすべてに繋がっている視野を広げる。訓練としてお勧めしたいのがまず「指回し体操」です。これは、脳幹も含めた脳の訓練なんです。ですから、表面意識ではなく、深い方の意識を活性化するためのものなんですね。指回し体操をする事によって、脳幹が活性化し、スピードアップします。それと、目の訓練と連動するといいですよ。もう一つは、「手のストレッチ」をぜひやって下さい。視野を広げたいという時に、ただ目だけでは視野は広がりません。体の柔軟性と視野の広い狭いは関係あって、固くなれば固くなるほど視野が狭くなります。これは広い視野を意識して行うんですが、単に視野を広げるだけで

“指”のトレーニング

指回し体操

写真のように、親指と小指を合わせて円を作り、その上に半球のドームを立てる。肘を少し下げて、そのドームの状態を保持しながら、親指から小指まで各指を互いに触れ合わないように“前回り”に30回ずつ回転させていく。

周辺視野を使うための

指のストレッチ

指を掴み、出来るだけ強く握って（写真２）、甲側へ折り、掴まれた手の他の指は握る（写真３）。背筋を伸ばし、体を広げるようにして、指を先方へ持って行くようにして、広い視野を眺めながら、水平に大きく円盤状に回す（写真４～６）。指を反らせる事によってストレッチしながら、回す事によって関節に微妙な捻りを加えて刺激を与える運動になっている。手というのはそれ自体が意識の場と繋がっているので、手を反らせて、その働きを広げる事によって、心の場が広がるという背景がある。

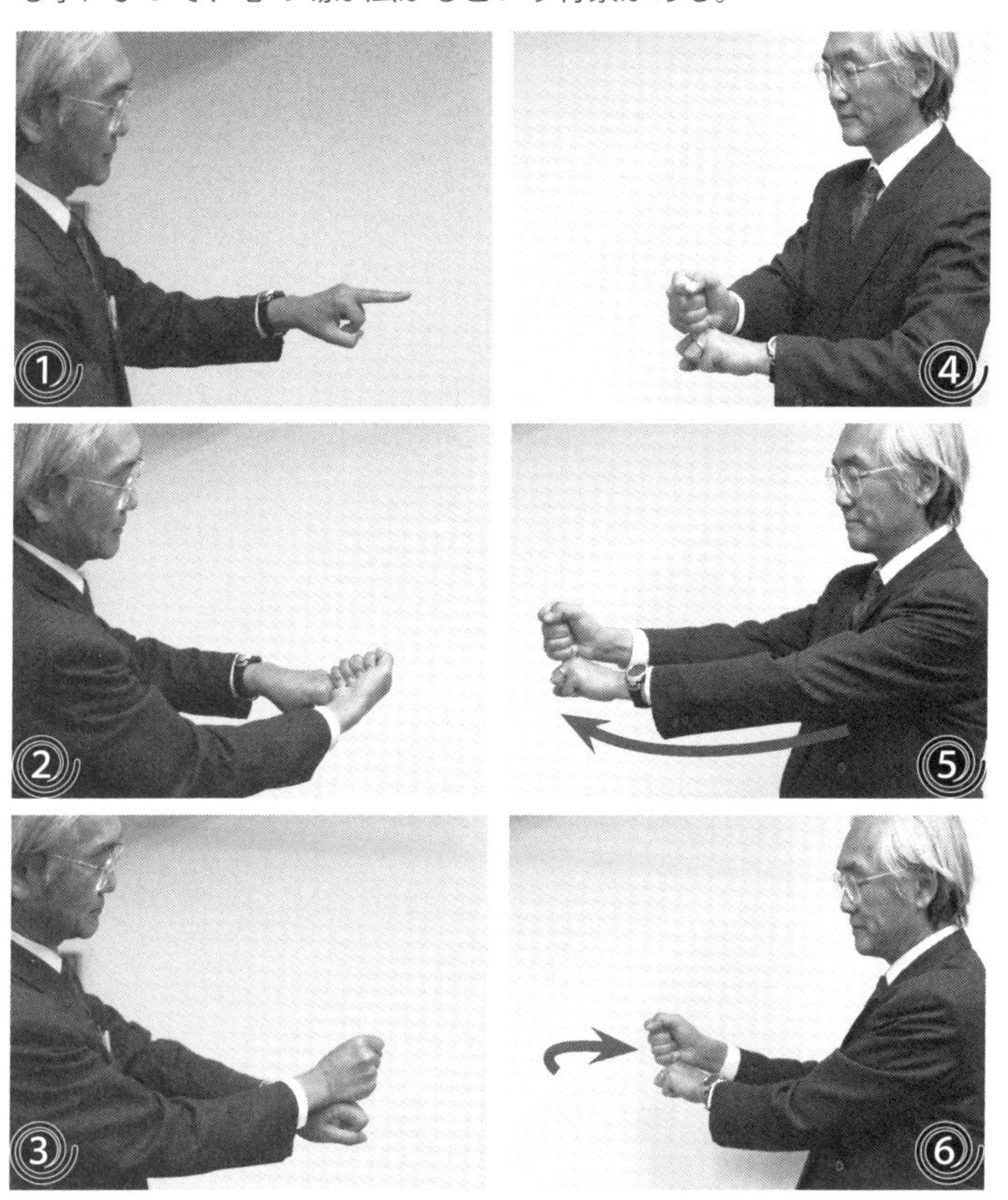

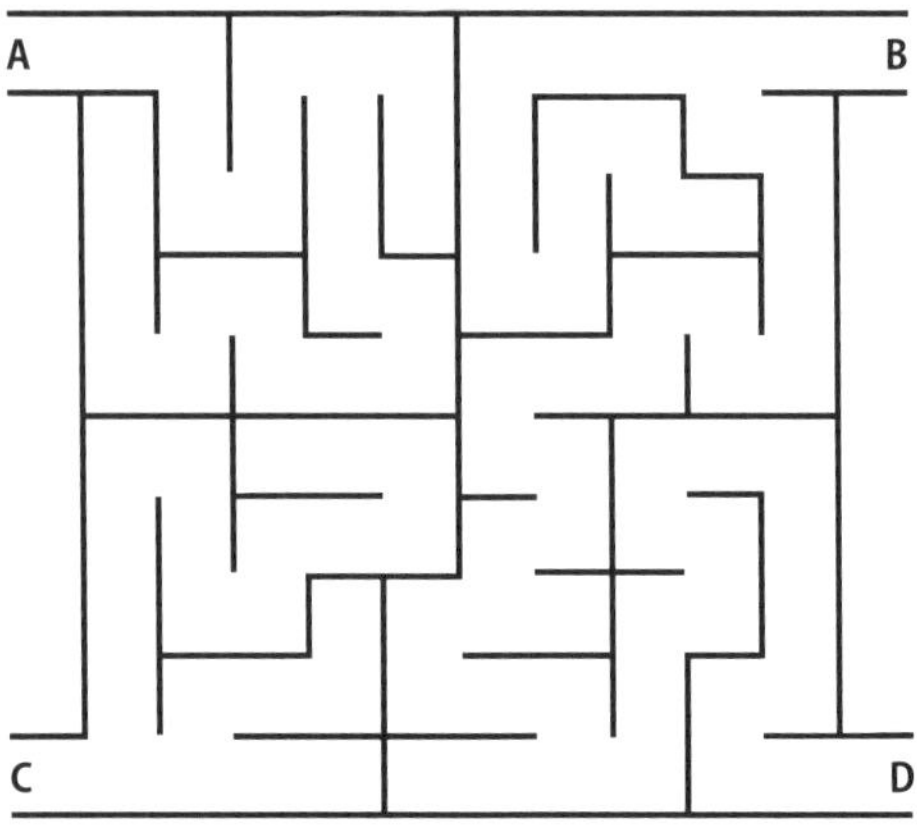

この迷路の4つの出口のうち、2つだけが繋がっている。それを見つけ出してみてほしい。最初はなぞるようにしてしか答を見つけ出せなかったとしても、次には周辺視野で〝道すじを一望のもとに読み切る〟ように目配り、心配りして眺めてみる。答がわかってからだとそれが出来るはずだ。これが〝見る〟と〝わかる〟の違いでもある。(『3D写真で目が良くなる本』より　栗田昌裕著　三笠書房刊)

なく、入った情報を広い空間でとらえる、という体の働きを高める訓練なんです。

④ 未来がわかる!?

――「大観ファイル」というのは〝システム〟ではないですよね。

栗田　そうですね、〝システム〟は中身がありませんから。〝ファイル〟と言っている以上はデータを伴うものです。

――「大観ファイル」を作るにはドカッと大きく入れて広く処理する……。

栗田　そうです。大観にはさらにいろいろ難しい事があって、敷衍(ふえん)型のファイルと帰納型のファイルと、2つのタイプがあります。本当の大観力を得るためには両方の機能をこのファイルに付けていかないといけない。敷衍能力は断片を繋いで大局をつかむ力。これは復元能力でもあって、つまり、部分しか見えていないんだけれども全体を復元する、そういう能力にもなっているんです。武道でもこれは大事な事で、相手のほんのちょっとした手先の動きだけでも、足の動きがわかる。それがこれなんですね。そういう能力があると、初めて大観する事が出来る。周辺視野は、いわゆる視力は弱いんですけれども、実は達人にとっては役に立つ。弱い視力の中でとらえた断片が、一瞬のうちに復元されて、全体図を作るからなんです。一方、帰納というのはゴチャゴチャしたものからバサバサっと落として単純化し、幹を明確にしていく働きの事です。そういう能力を高めるためのサンプルとして、1行で要約する練習をしましょう、という事を勧めています。複雑な、一日の出来事を1行でポンと書く。俳句や短歌もそういう練習ですよ。宮本武蔵の水墨画ってありますよね。とても簡素なものなんですよね。とても簡素だけれども力があると言われている。それは、この〝一行要約力〟があるからだと思います。非常に複雑な自然界の中で、本質的な、鳥なら鳥だけをスパっと取り出す。それが止まっている木なら木、枝なら枝だけをスパっと取り出す。その力を示しているのが武蔵の水墨画だと思います。だから大観は単なる単純化とは違う。単純化というのは、余分なものをただ捨ててしまおうという事ですね。大観というのは「大観ファイル」という新しいものを作るという事をしなければならない。その時に、帰納力を使うんです。ゴミは捨てるんだけれども、でっかいファイルを作る。

――なるほど、何だかいろんな事が自分の中で一気に繋がった気がします。

栗田　突然妙な話をするようですが、私は夏に東北でアサギマダラという蝶を飛ばすんです。

――あ、存じてます。季節に応じて〝渡り〟をするという蝶ですね。

栗田　はい。東北のあるホテルに一ヶ月滞在しながら朝から晩までマーキングして飛ばします。そこで敷衍ファイルで読むんです。8月に飛ばして、9月に群馬県に遭いに行く。9月に長野県に、10月には愛知県に、11月には鹿児島県で遭う、という事をやっています。２００５年から始めても う13万頭に出会ってますが、日本で一番沢山その蝶に出会う事が出来ていますよ。

――凄いですね！　未来がわかるっていう話ですよね。

栗田　「大観ファイル」を作ると自分の意識の縄張りの中にいるものの動きがわかるので、未来をシミュレート出来る、という事なんです。その意味で最後に一つお勧めしたいのが、今居る場所の地・水・火・空・風と人・物・命の8つの側面をとらえる、という事。地は地形、水は水まわり、火は電気やエネルギーといったアクティビティ、風は気象でもあるしあるいは情報、空というのは時間、タイミングです。その中で、人や物やあらゆる生命体がどのような形で存在しているかを、半径1キロ、2キロにわたって読んでみるんです。そうすると自分がいる所の「大観ファイル」がある程度作れますよ。

――気のせいかもしれませんが、これは〝作ろう〟と思っただけでちょっと観の目が出来始めてきてるような気がしますよ。ぜひ、やってみます。

今日はありがとうございました。

第3章

目から生まれる武術的身体
見ることの構造~鍛錬法

■麗澤大学客員教授 豊嶋建広
■オプトメトリスト 北出勝也

取材・文◉『月刊秘伝』編集部

① 目の構造 5つの基本

角膜により焦点合わせを行い、虹彩で光の量を調節し網膜へ像を結び、視神経が光信号を電気信号にして脳へ運んでいる

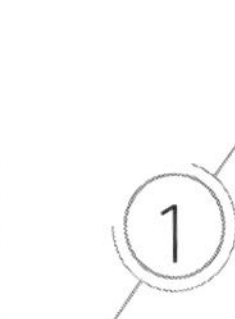

右目を頭頂方向から俯瞰した図。6本の筋肉が目を動かしている

① 16本の筋肉が目を動かす

普段は何気なく動かしている目だが、我々の目は左右各々6本の筋肉によって上下左右自由に左右バランス良く動かされている。

この眼球運動がスムースに行われないと、目

目の構造

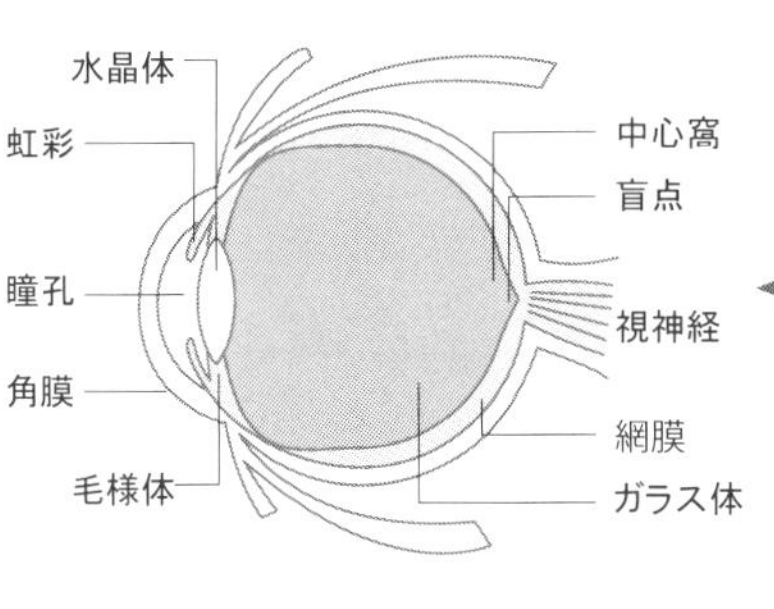

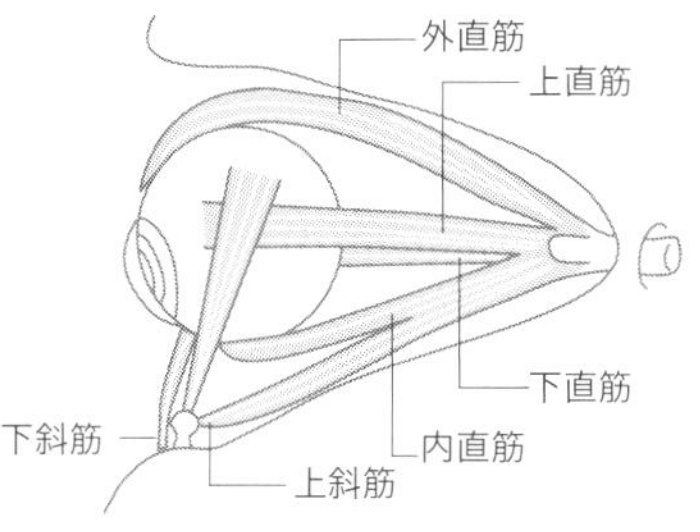

標に目の中心を合わせることが出来ず、狙いが定まらなくなる。また最近耳にする学習障害等の原因も、実は理解力の問題ではなく目の機能に因るケースが少なくない。目をスムースに動かせないため、教科書や黒板の文字がうまく追えなくなってしまうのだ。

眼球運動がスムースに行えなくなる原因には

豊嶋 建広

Toyoshima Tatehiro

麗澤大学客員教授　体育科学博士
麗澤大学武道教学推進センター長
（公財）日本スポーツ協会アスレティックトレーナー・コーチ４指導員・コーチングディベロッパー
（公財）日本レクリエーション協会スポーツレクリエーション指導員・レクリエーションインストラクター
全日本空手道剛柔会四段
主な武道の著書には、『中学校体育実技指導資料　空手道指導の手引き』（共著）『空手道教範』（共著）『授業協力者のための学校体育における　空手道授業指導法ワークブック』（共著）など。

子供の頃に未発達であったことや、大人になってから、あまり使わずにいたことが原因と考えられている。ＴＶモニターなど長時間視線を動かすことのない作業なども原因の一つだろう。

目を使うためには、まずこの６本の筋肉を鍛える必要がある。

②人は網膜の中心で見る

人がモノをハッキリ見る為に使う部位は網膜全体の１～２％、中心部にある錐体細胞と呼ばれる部分だ。

それ以外の桿体細胞と呼ばれる部分は、色の識別などは出来ないが、暗いところでも光を敏感に捉えることができる。逆に、錐体細胞は暗いところでは働くことができない。

闇夜で星を見るときに、真っ直ぐ見るよりも、眼の端の方が見やすいのはこうした理由からだ。また物体を目の端で捉えると、存在は認知できるが細部は分からない。その理由もこの錐体細胞の性質によるものなのだ。

つまり目標をしっかり把握するためには、目の正面に捉える必要がある。

③衝動性眼球運動と追従性眼球運動

ヒトの視界

人の視界は意外に広いのが分かるだろう。実際は首や身体を動かすことが出来るために、更に広くなる。また上方より下方への視界が広く、武術などで顎を引き、やや上目遣いに構える形が多いことと関係していると思われる

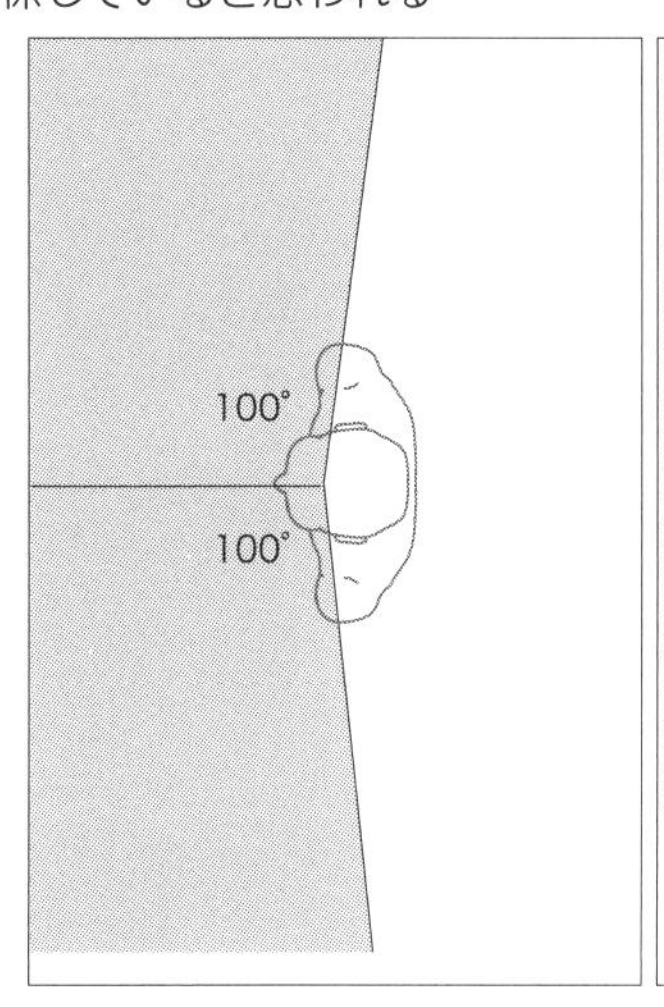

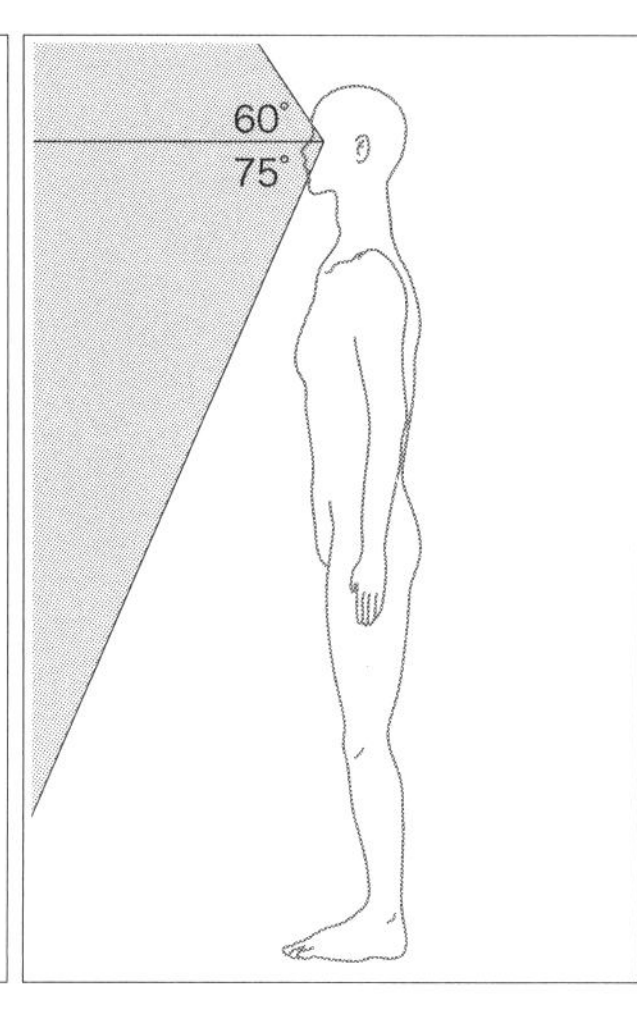

目の運動は大きく、衝動性眼球運動と追従性眼球運動に分けられる。衝動性は突然の動きに対して反応するもので、追従性はゆっくりと動くものを眼で追う際に使われる。

武術にとってより重要なのは衝動性の眼球運動の能力向上となる。突然視界に入った出来事を瞬時に把握し、身体の動きに反映させる。重要なのは、ただ闇雲に反応するだけではなく、正確に把握し身体を的確に動かすことなのだ。

④視界と周辺視野

人間の視界は目を正面に向けてい

るときで、耳側に１００度、上方に60度、下方に75度といわれている。それ以外は死角になるが、眼は動かすことや首や身体の位置を変えることにより死角の存在を消すことができる。目の正面を中心としたこの視界の範囲が、一般に言われる〝周辺視野〟だ。

この周辺視野は、一対一で争われる格闘競技であっても、相手の全身を認識するためや外側から飛んでくる大きな攻撃などを認識する為に使われている。当然、対多敵を想定した武術においてはこの周辺視野の強化は必須だ。

⑤目は全てを写していない

ヒトは網膜に入った情報を全て認知しているわけではない。

例えばいまこの文章を読んでいる読者は、一行読むごとに次の行の頭へ一瞬で目を動かしているはずだ。

つまり……　　この黒丸から ──→ ●

●←この黒丸までの間の視覚情報は目には入っているが認知していないのだ。

これはサッケード眼球運動と呼ばれるもので、非常に高速で行われる眼球運動の間の情報は〝切り捨てられ〟、前後が自然に繋げられる。そのため我々は寸断された文章を一つの流れとして認知し

ているのだ。

また人間の目には〝盲点〟と呼ばれる網膜自体に像が映らない部分を持っている。

試しに上の図を見て欲しい。

左目を閉じて、右目で星を見ながら10センチ位の距離からゆっくり目を離して行くと、20〜30センチ位離れた所で、縞模様の中の月が消えるだろう。これが盲点だ。しかし普段は両目でモノを見ているために、左右の目がお互いの盲点を補完し合っているので〝見えなくなる〟ことはない。また盲点の存在を打ち消すような目自体の機能があり、周囲の情報で網膜を埋めてしまっている。先ほどの月が消えた時でも、周辺の画像に溶け込んでいるはずだ。

我々の目は、自然に情報をシャットアウトしたり、像を映し続けたりする能力を持っているのだ。

② 目と脳の関係

目に入った情報は脳へ入り、身体へのアクションとなる。つまり、

・入力（対象を目に捉え網膜に映す）
・処理（網膜に映った情報を脳に送り分析・判断する）
・出力（脳からの指令を神経を通じて発し、身体を反映させる）

の3つのプロセスだ。

いわゆる〝反射神経が良い〟と呼ばれるのはこのプロセスが早いことを指したものだ（反射神経という神経は実際には存在しない）。つまり速さはこのプロセスの高速化によって生み出されるのだが、実はその過程に大きな要素が加わってくる。

それが〝予想〟だ。

③ 予想で見るヒト

ABC

図01-A

図02-A

写真は新陰流の左太刀「必勝」。一見すると向かって左側から振り下ろされる普通の八双の構えに見えるのだが……（図02-Bへ続く）

我々はモノを見るときに、自然に予測をしつつ目標を捉えようとする。例えば図01—Aのようにアルファベットが、並んでいれば〝A〟の次は〝B〟と予測して読むだろう。また、図02—Bの図のように右袈裟に構えられた刀は、向かって左側からの軌道で斬り落とされると予測し、避けようと反応する。

ところが実際には、この刀は逆手に持たれていることにより向かって右側へ斬り落とされる。図01—Bでの〝B〟

12 13 14

図 01-B

図 02-B

握りをよく見ると左右が逆になっていることに気がつく。振り上げる一瞬に握りを入れ換えているのだ。その為、実際の軌道は予想に反し向かって右側となり敵を斬り倒すのだ。

は今度は数字の13に見えるはずだ。(上掲図参照)

これは〝文脈効果〟と呼ばれる現象で、人はモノを見るときに自分の経験や知識から文脈(予想)を作り、自然にモノを見ているのだ。

我々はこうした予想を基に日々を暮らし効率よく生活している。またルールが定められ、技術が限定された格闘技ではこうした予想を利用した技術が主流となっている。

例えばボクシングなどでは、左肩を少し引くことで、相手に左パンチを予測させて、実際には右を打つなどは当たり前だし、いわゆるコンビネーションと呼ばれる攻撃技術もその一つだ。

しかし、武術に必要なのは予測ではないはずだ。

刃物を相手に予測が外れて斬られたでは済まないし、突発的な危機を事前に予想することは不可能だ。また予測しようとすることで逆に動けなくなることもある。

では予測をせず、純粋に見てから動いた場合はどうだろう？　実はこれでは至近距離の攻撃に対応することは出来なくなってしまうのだ。

4 反応速度・無意識の動き

多くの読者は、自分が〝手を動かそう〟と意識をしてから実際に行動をしていると思っているだろう。しかしこの意識↓行動では、実際に手が動くまでに0・55秒も掛かってしまう。

これでは仮に相手の動きが目に入っていても、至近距離からの素早い攻撃を避けることは不可能だ。しかし、稽古を積んだ武術家は至近距離からの突然の攻撃を避け、一般の人間でも、車の運転中に突然飛び出してきた子供を避けるため、瞬時にブレーキを踏む。なぜこうした事が出来るのだ

目から脳へ

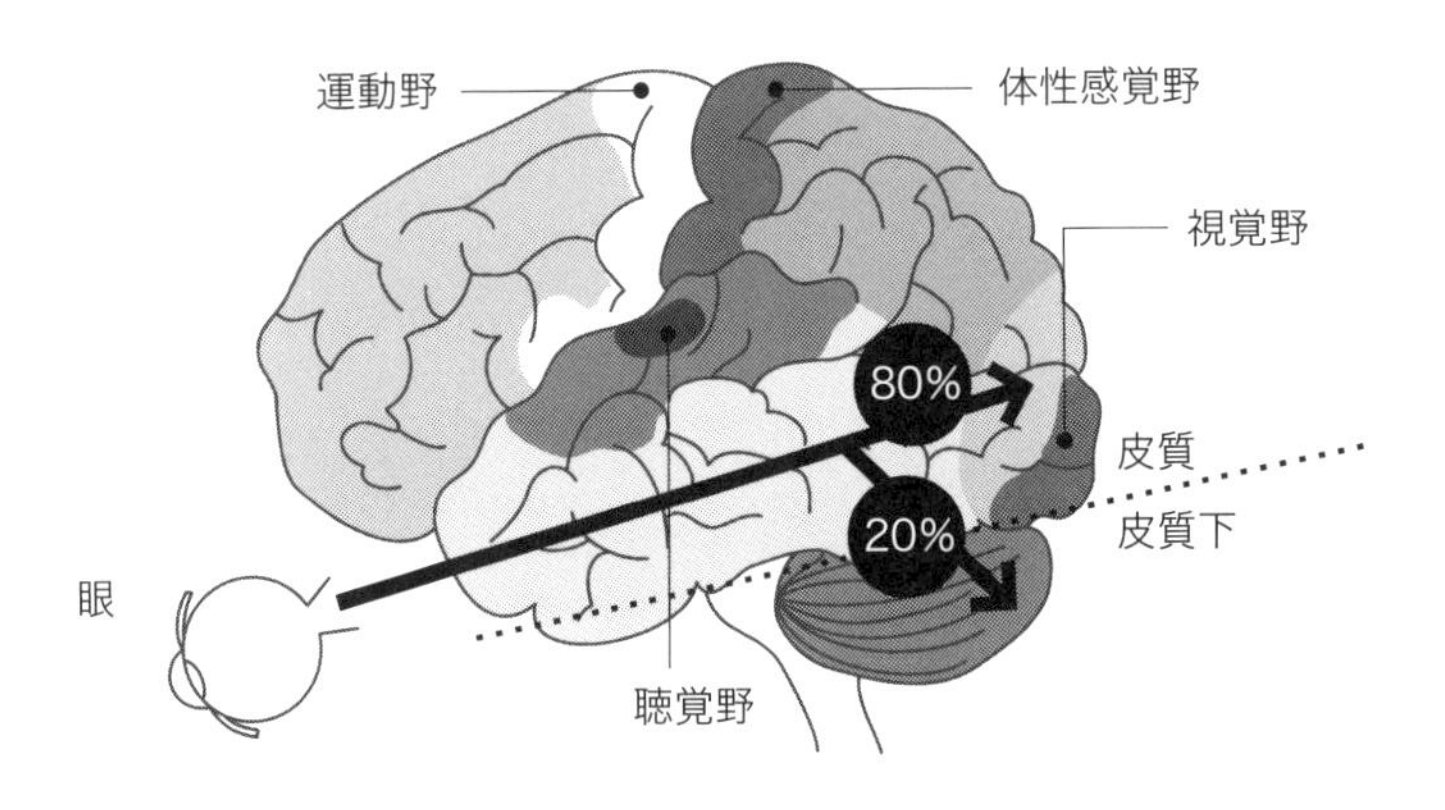

視覚情報のうち８割は大脳皮質の後頭葉にある視覚野に送られ、そこから前頭葉を含む脳各部位へ送られ処理されている。２割の情報が送られる大脳皮質下には小脳・脳幹があり、小脳は運動時の平衡、筋緊張、随意筋運動の調節を行い、脳幹は中枢神経系を構成する器官（延髄と橋、中脳と間脳）の集合体を指す。また小脳は運動調節能力を司り、反復練習によって大脳が学習した身体運動をフィードバックし、大脳を経由することなく身体に反映させる機能（錐体外路系運動）を持っていると考えられている。こうした脳機能は、型稽古で学び、やがて技が手の如くする武術の稽古体系を裏付けるものと言える

ろうか？

実は、我々の行動は実際に意識するよりも前から始まっているのだ。

アメリカの神経生理学者ベンジャミン・リベット著の『マインドタイム』によると、人は〝手を動かそう〟と思う0・4秒前に脳は手を動かす信号を出し、思ったときから0・15秒後に手が動くという。

つまり咄嗟の場合の人間の行動は、〝動かそう〟という顕在意識からの指令で動き始めるのではなく、意識下（無意識）で〝動く〟という決断を行い、実際に動き始めてから認知するわけだ（この発見は人の行動を司る意識が実は潜在意識だというものであり、その意味は途轍もなく深い）。

予測に拠らずその瞬間に一番適した動きをする。これこそが武術において必要な速さだ。

ではどうやって人はこの速さを可能にしてるのか？　その秘密が大脳皮質下ではないかと考えられている。

先のプロセスに記した通り、目からの情報は脳へ送られる。しかしこの時、全体の8割は大脳へ入るのだが、残りの2割は大脳皮質下に入る。そしてこの皮質下にある中脳を含む脳幹や小脳が、反射的な無意識の運動を司っているのだ。

5 武術の動きを生む、無意識の思考

ここで注意すべきは〝無意識下の反応〟といわゆる〝脊髄反射〟を分けて考えることだ。脊髄反射は文字通り脳を経由することなく、脊髄内で処理される反射だ。そのため行動に思考はない。

これと異なり、無意識下の反応には思考が伴う。分かりやすい例が〝夢〟だろう。潜在意識での思考が夢となり我々は認知する。

先の車のブレーキを踏む反応も、潜在意識下で〝危険〟を感じ〝ブレーキを踏む〟という思考と選択をしている。恐怖に身を凍らせたり〝なんとなく〟反射に身を委ねたのではない。

編集者自身、車を運転中に直前を走っていた車がガードレールに激突する事故に遭遇したことがある。その時は、咄嗟にブレーキとクラッチを踏みギアを落とし、さらに対向車線に車が来ないのを把握してハンドルを切り避けた。1秒に満たない時間の完全に無意識のものだったが、かなり複雑な仕事を行っていたわけだ（車を止めた後、すぐに事故車へ駆け寄ったのだが、今度はショックで思うように身体が動かず、泥沼を走るように足が重かったのを覚えている）。

見るプロセス（入力〜出力）

顕在意識下による行動（通常）

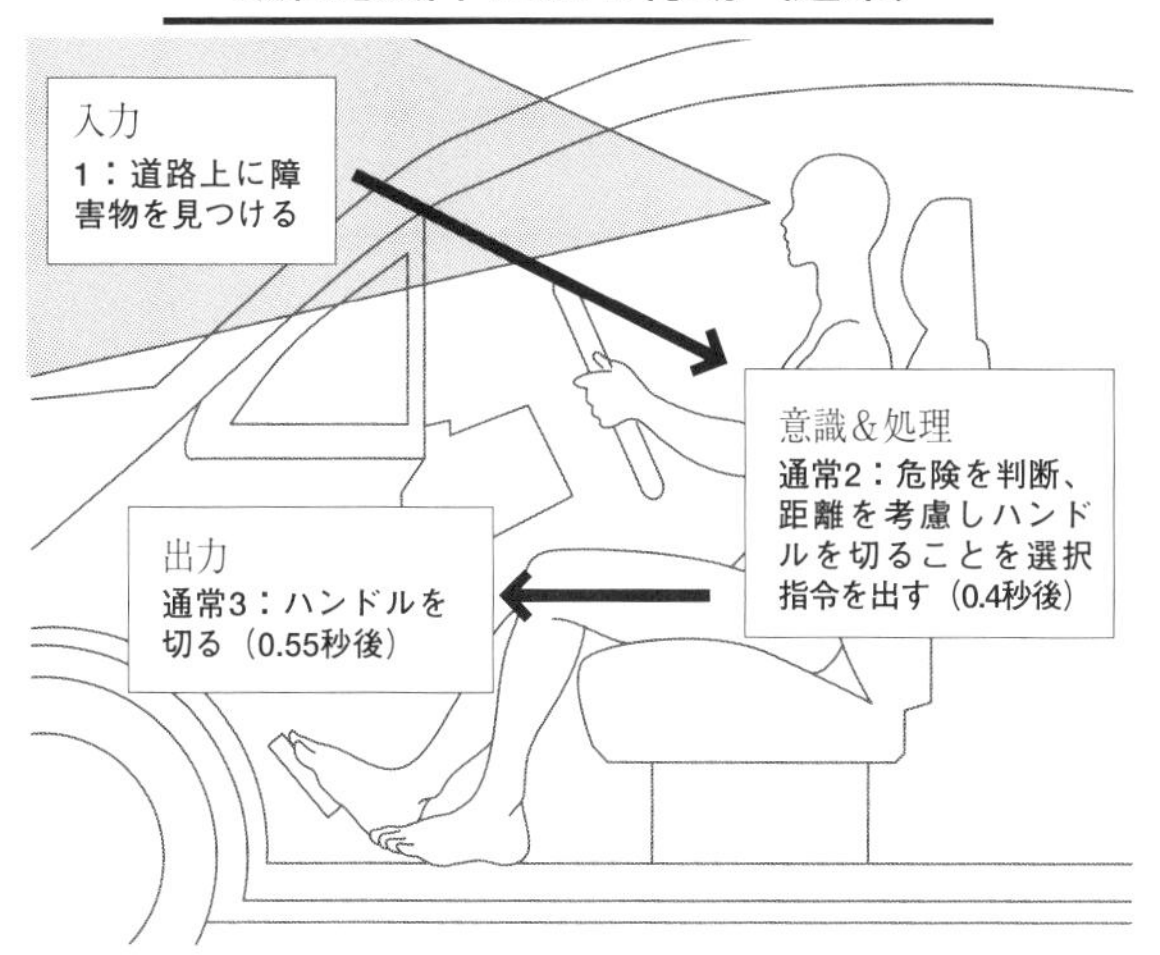

潜在意識下による行動（緊急時）

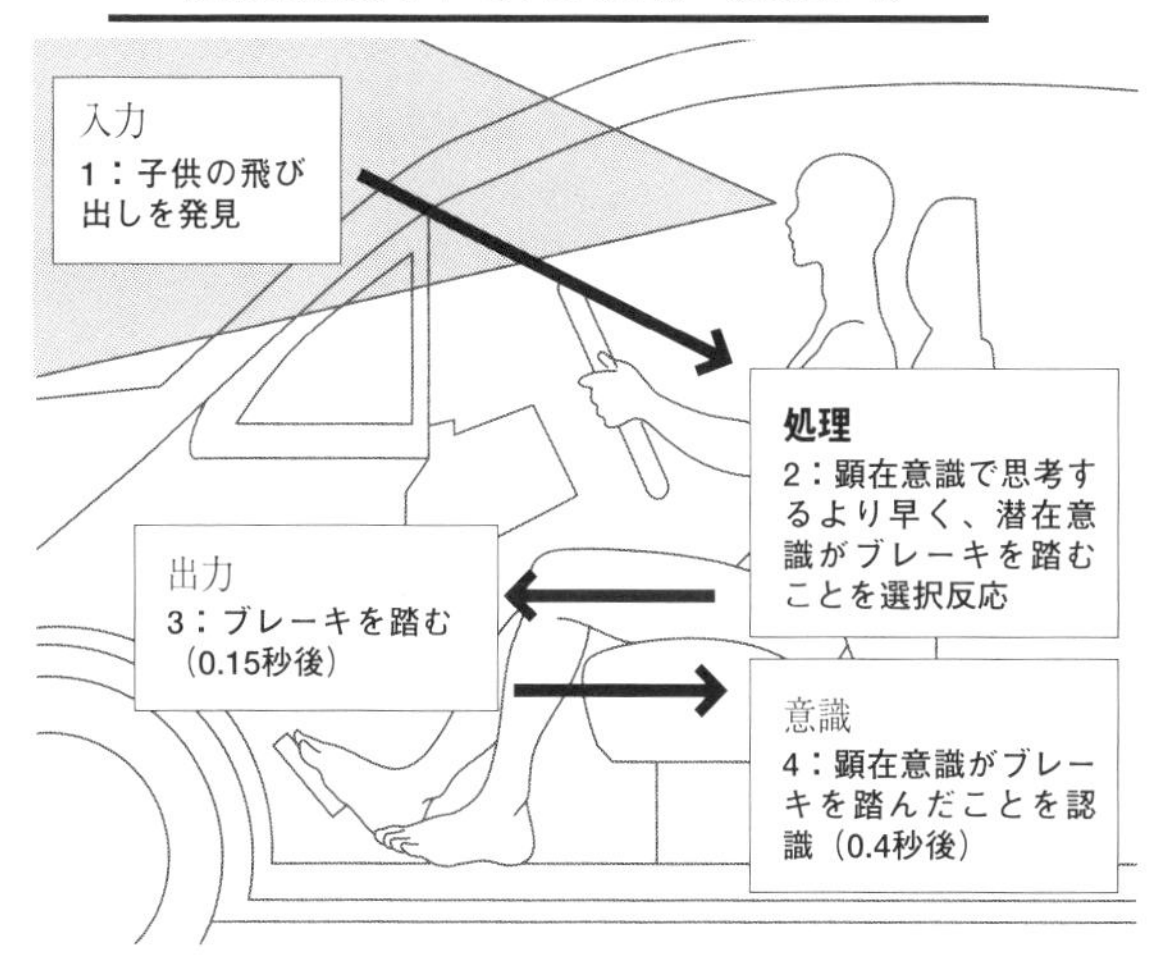

つまり予測やパターンではなく、その瞬間に無意識下の思考を伴う正確な動き。これが武術が求める反応なのだ。

そして、その入り口の一つが〝目〟なのである。

目を鍛えるとは単純に視力を良くしたり、物体を捉える能力を上げることだけではない。目を起点に身体の動かし方自体を変える作業と言える。

では、どういったトレーニングが必要になるのだろう。そこでここからは、まず眼の機能をアップする為の稽古方法と、眼と脳、そして身体へのリンケージを強化する稽古を紹介しよう。

北出 勝也

Kitade Katsuya

視機能トレーニングセンター　JoyVision　代表。米国オプトメトリードクター（検眼士）。一般社団法人 視覚トレーニング協会代表理事。一般社団法人日本視覚能力トレーニング協会理事。兵庫県立特別支援教育センター　巡回相談員。
1999年　米国パシフィック大学　オプトメトリースクール卒業。同年　視機能トレーニングセンター JoyViison を神戸に開設。全国の小中学校、教育センターなどでビジョントレーニングの講演活動を行う。2015年12月からボクシングの村田諒太選手のビジョントレーニング指導

視機能トレーニングセンターJoyVision
https://visiontraining.biz/

目の機能をアップする

ビジョンバーを使ったトレーニング

目の運動機能を上げるにはまず、上下左右への眼球移動をスムースにするのが先決だ。ここではビジョンバーと呼ばれる数字とアルファベットが書かれた器具を使っているが、簡単に作れるので試して欲しい。左右に連続したアルファベット（数字）が記されたバーを両手に持ち、目から 30 〜 40 センチほど離して持つ。次に顔を動かさず眼球だけで左右の文字を追い、一つひとつに確実に焦点を合わせ声に出して読み上げる（A-01・02・03）。眼球を動かし確実に認識することで、早く正確な眼球運動と目・脳のリンケージが強化される。

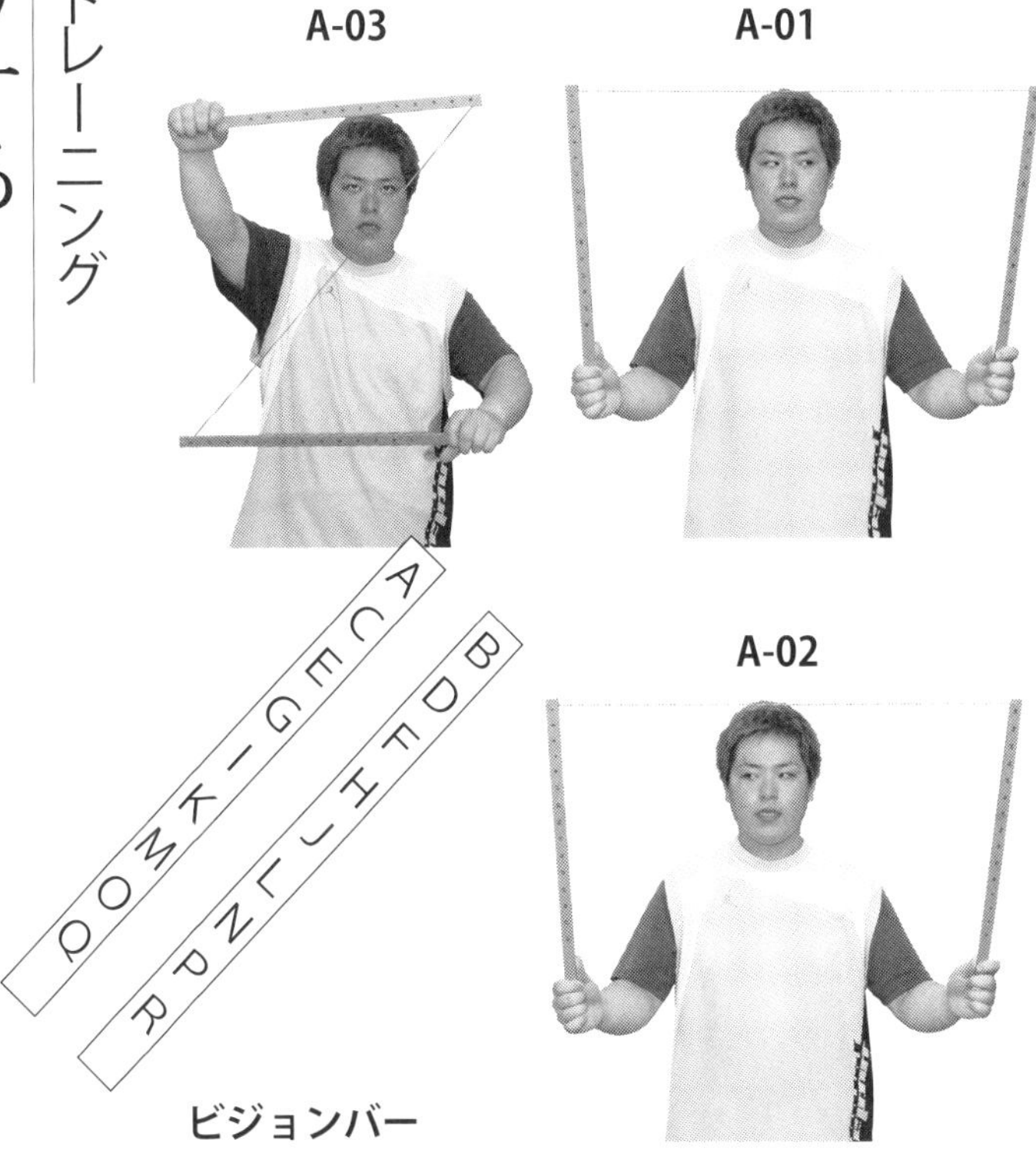

ビジョンバー

ブロックストリングを使ったトレーニング

顔の中央から伸ばした紐についてるビーズを追うことで、目の奥行きへの調整能力を養う。ビーズの中央で紐が交われば正常だが、ビーズの手前や奥で紐が交わって見えたり、両眼で見た場合片方の紐が薄く見える場合は、両眼のコンビネーションが悪い状態だ

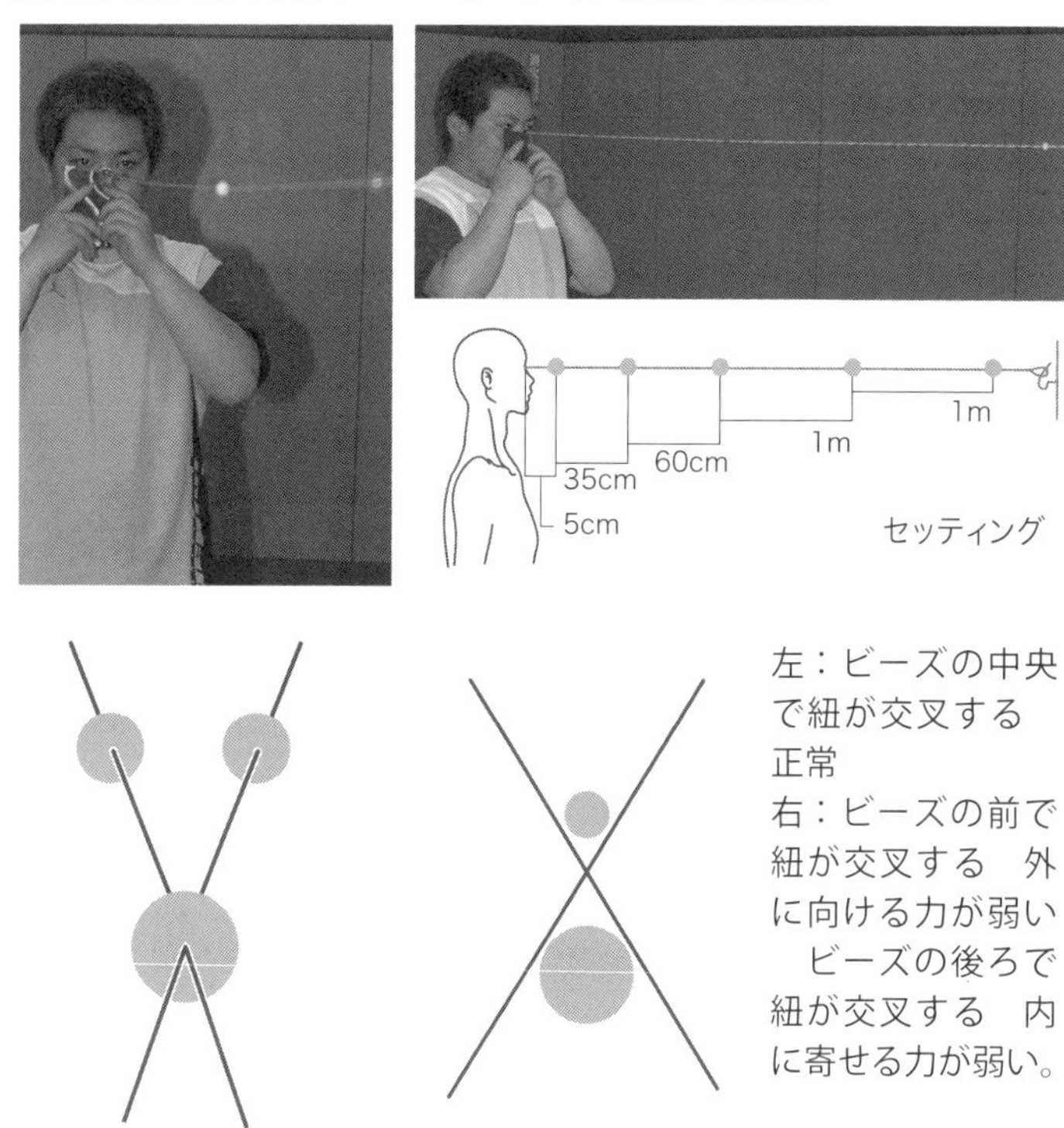

左：ビーズの中央で紐が交叉する　正常
右：ビーズの前で紐が交叉する　外に向ける力が弱い
　ビーズの後ろで紐が交叉する　内に寄せる力が弱い。

● 〈ビジョントレーニングセット（ビジョンバー・ブロックスストリングセット）〉1,260円。商品に関する問合せは「視機能トレーニングセンター JoyVision」電話078-325-8578、HP:http://www.joyvision.biz/index.html

目と身体をリンクする

目的に応じて素早く反応する能力を敏捷性（アジリティ）というが、多くのスポーツでは、動くものを視覚で捉えて（実際は予測も含まれる）、素早く反応することになる。すなわち、敏捷性の中には、動く目的物を（正確に）視覚で捉える動体視力（スポーツでは一般に動くものを視覚で捉える能力になる）も含まれている。しかし一般には、この動体視力は特に集中してトレーニングされていないようである。「よく見ろ」と指導はするが、見ることが主となっている練習は少なく、あくまでも運動の動作が中心となっており、そのような練習では見ることよりも予測する能力が養われてしまう。確かに、見ることに優れていても、身体が反応しなければ、何の意味もないことから、動くことを強調するのは間違いではない。しかし、そのようなトレーニングのなかでどれくらい動体視力が養われるのだろうか。スポーツでは予測はとても重要であるが、動体視力を鍛えるのであれば、予測と動体視力を分けて練習する必要がある。すなわち集中して、（予測なしで）「見て（から）動く」トレーニングをする。

（解説●麗澤大学・豊嶋建広客員教授）

ニラメッコ・パニック

パートナーと向かい合って互いに片手を相手に向けて立ちジャンケンをし、勝った方が相手の手にタッチする。この時目は相手の顔を中心に、ジャンケンをする手は目の端で捉える感じで行う。ジャンケンの結果を一瞬で判断、タッチという身体の動きとのリンクを強化する（B-01・02）。周辺視野を鍛えるには手を床と水平に上げ、両手がぎりぎり見えるところまで近づき、互いにパートナーの顔を見ながら両手を見てじゃんけんをする。勝ったほうは相手の頭をタッチし、負けたほうは避ける（C-01・02）

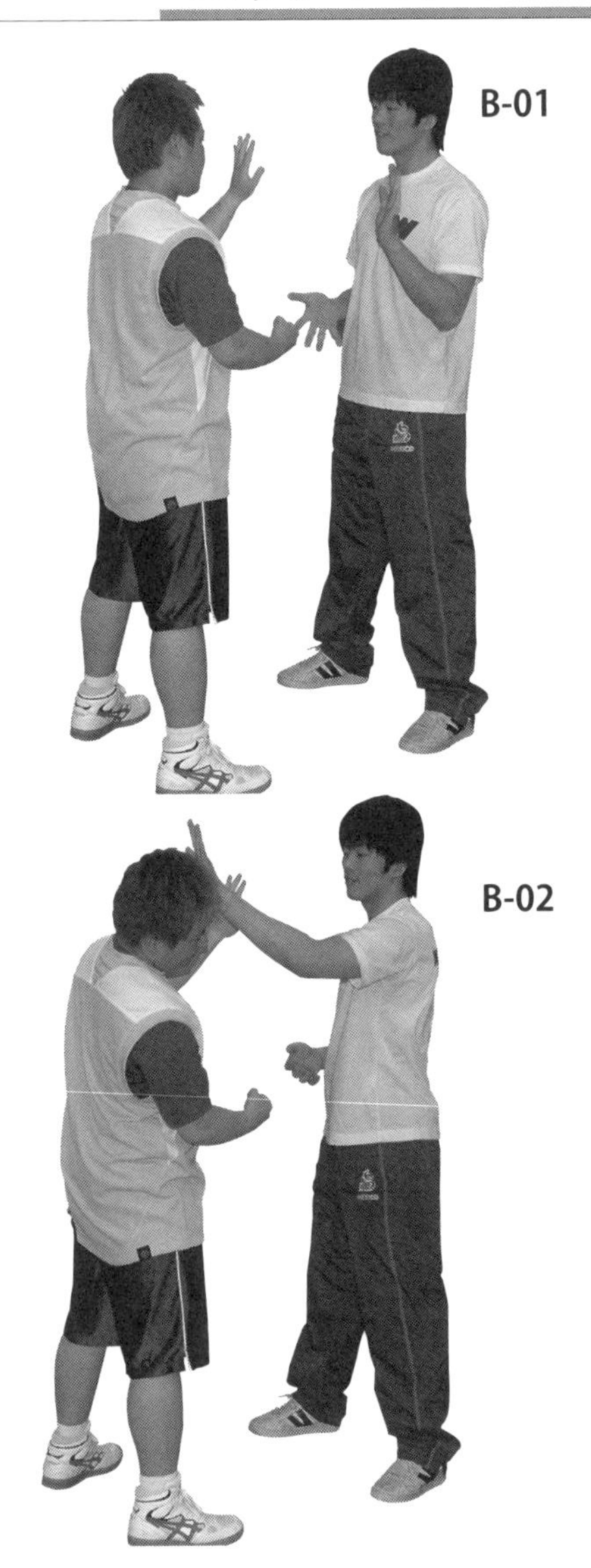

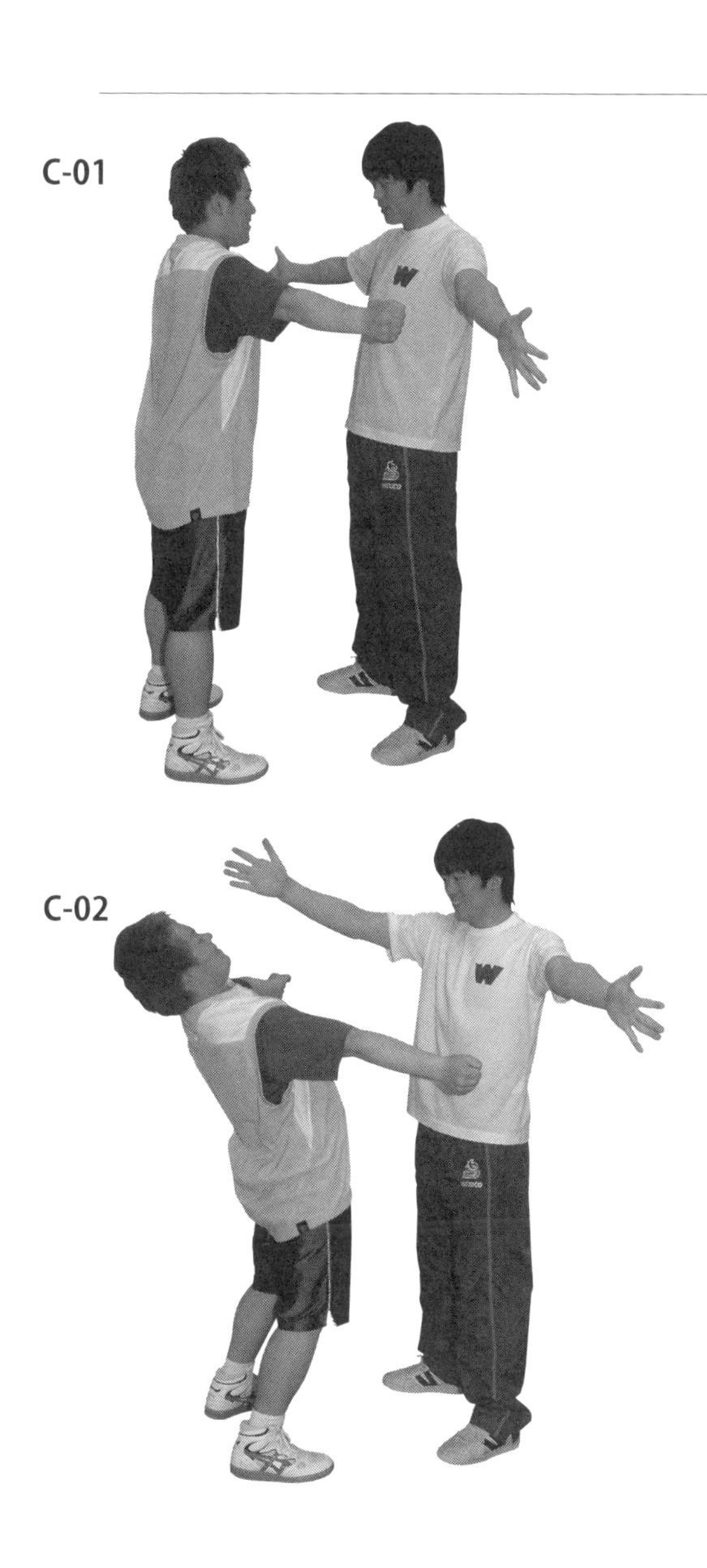
C-01
C-02

バンピング・ゲーム

大股で自分の足の間に足を踏み入れてくるパートナーに対して片足を軸にして、もう一方の足で後へ円を描くようにしてかわす（C-01・02）。このとき視線は足ではなく、相手の顔を見る。また慣れてきたら後ろへ下がるのではなく、相手の横（死角）へ回り込むとよい。動きに慣れてきたらスピードに変化をつけて連続攻撃で行う（C-03〜06）

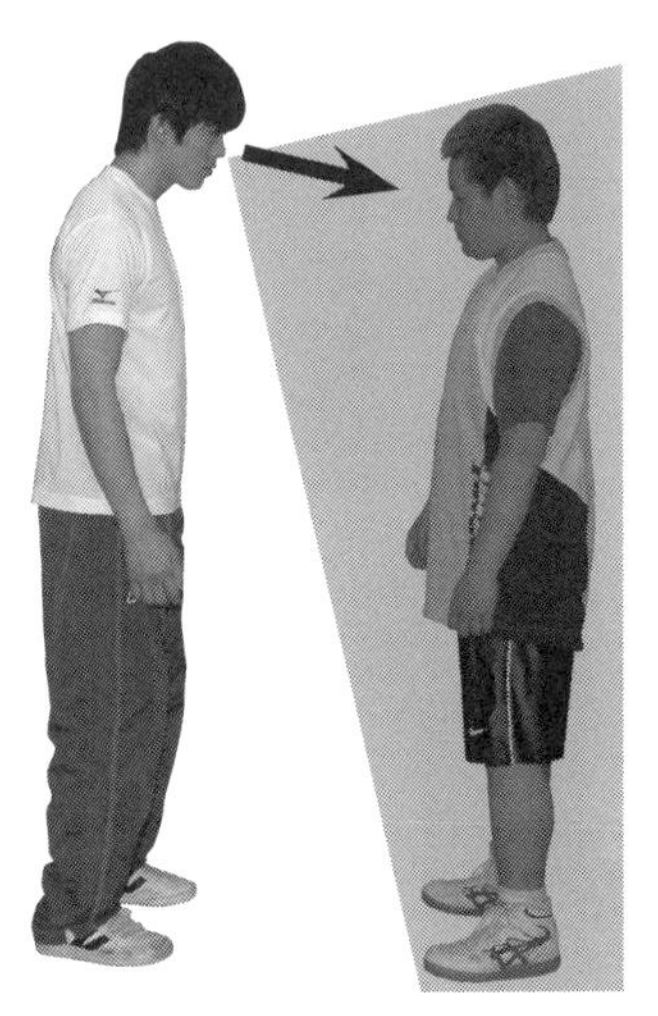

C-01

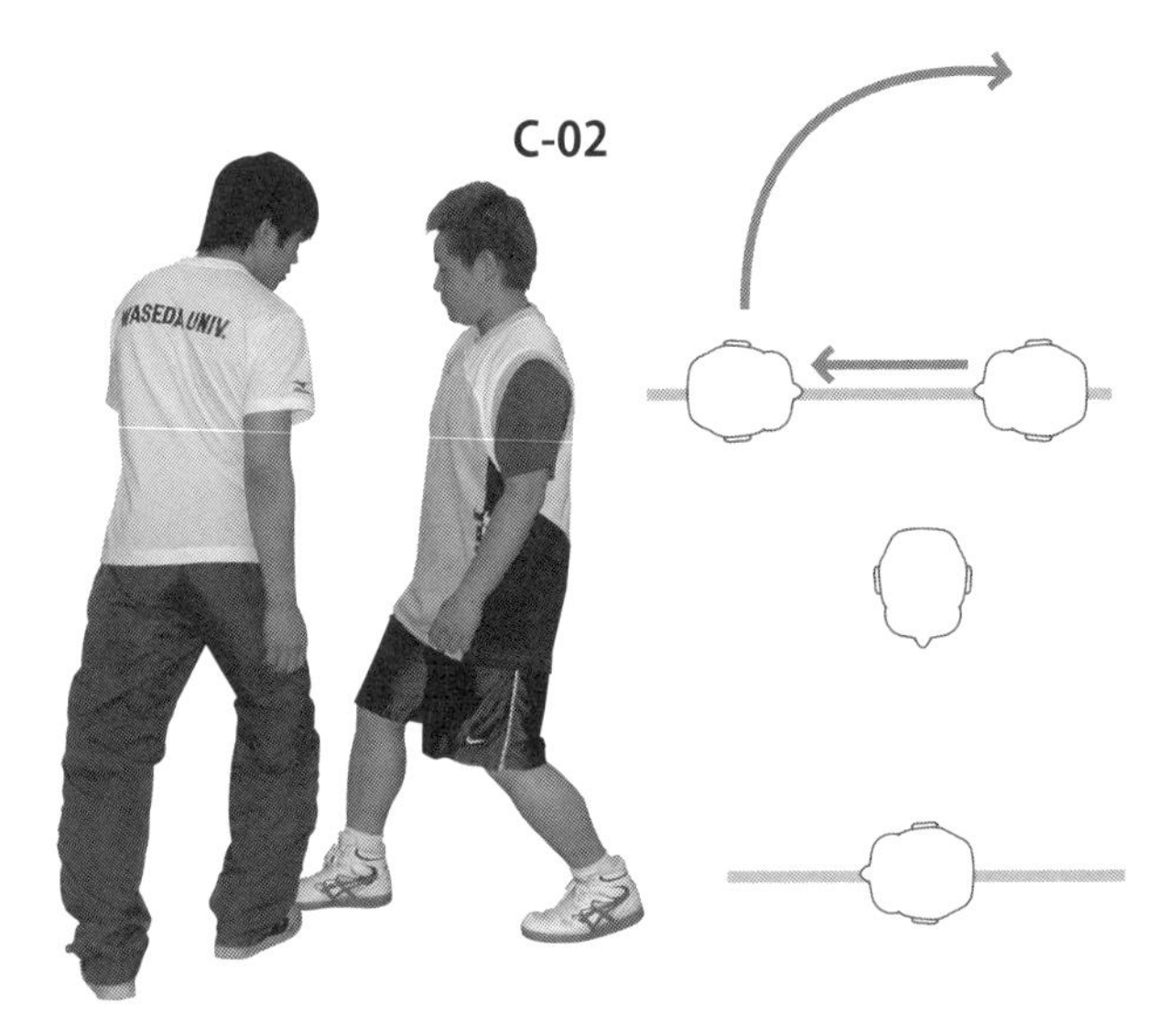

C-02

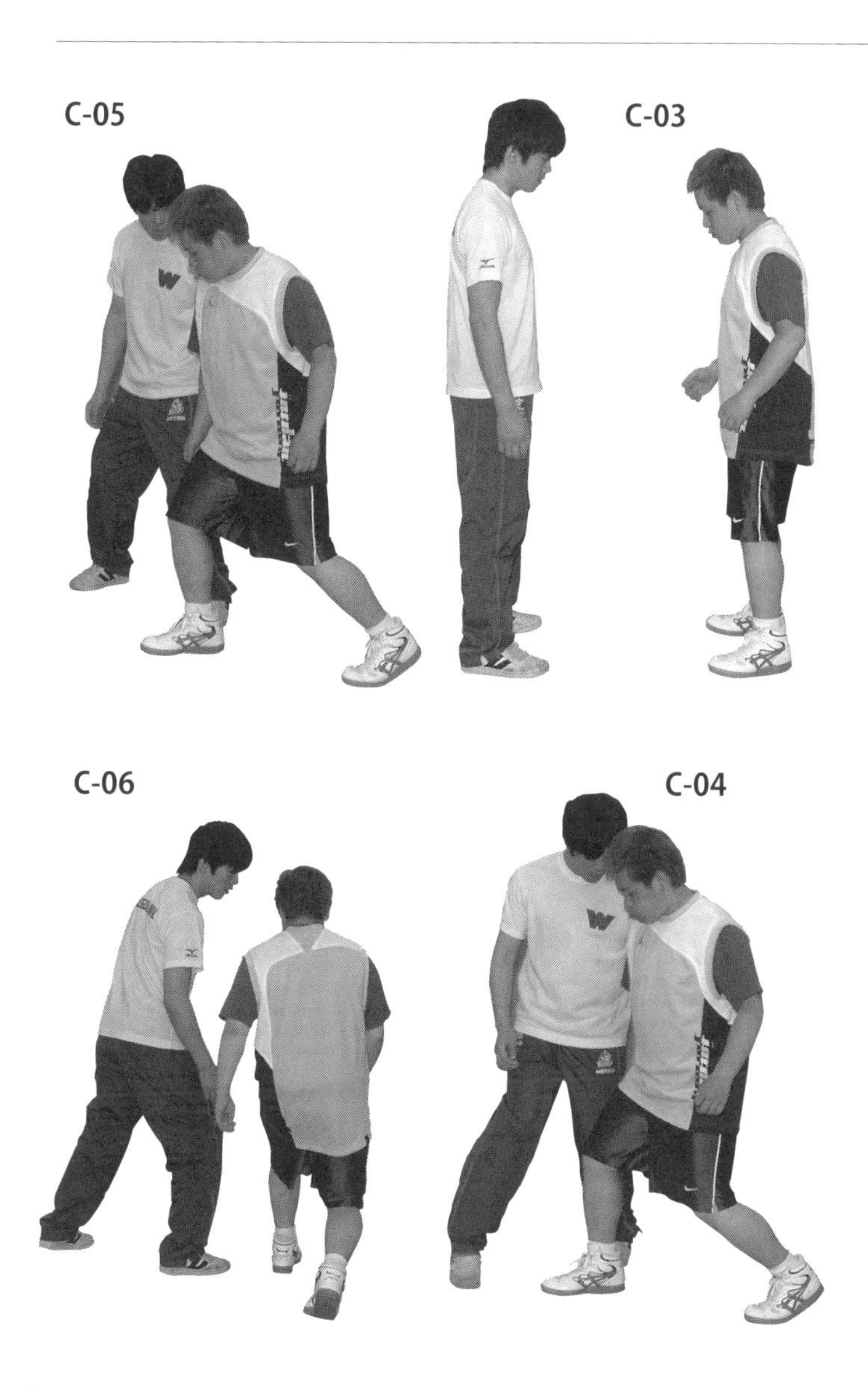
C-03
C-04
C-05
C-06

周辺視野を鍛えるⅠ

〝対二人100度を保ち把握する〟

競技と違い武術では、常に対多の可能性を考える必要がある。この際、目の機能として要求されるのは周辺視野だ。ここでは二人を相手にした稽古方法を紹介する。攻撃を避ける人間を三角形の頂点に置きパートナー二人は離れて立つ（E-01）。パートナーは最初はゆっくり腕を突き出しながら迫って行く。受け手はこの攻撃を最小限の動きで避けながらも目の端でもう一人の相手を意識する（E-02）。一人目を避けたところで二人目が同じように攻撃、慣れてきたら徐々にスピードを速め、前蹴り等を加える。ただし必ず動きながら、ゆっくりでも確実に相手の身体の中心を突き・蹴り込む。

E-01

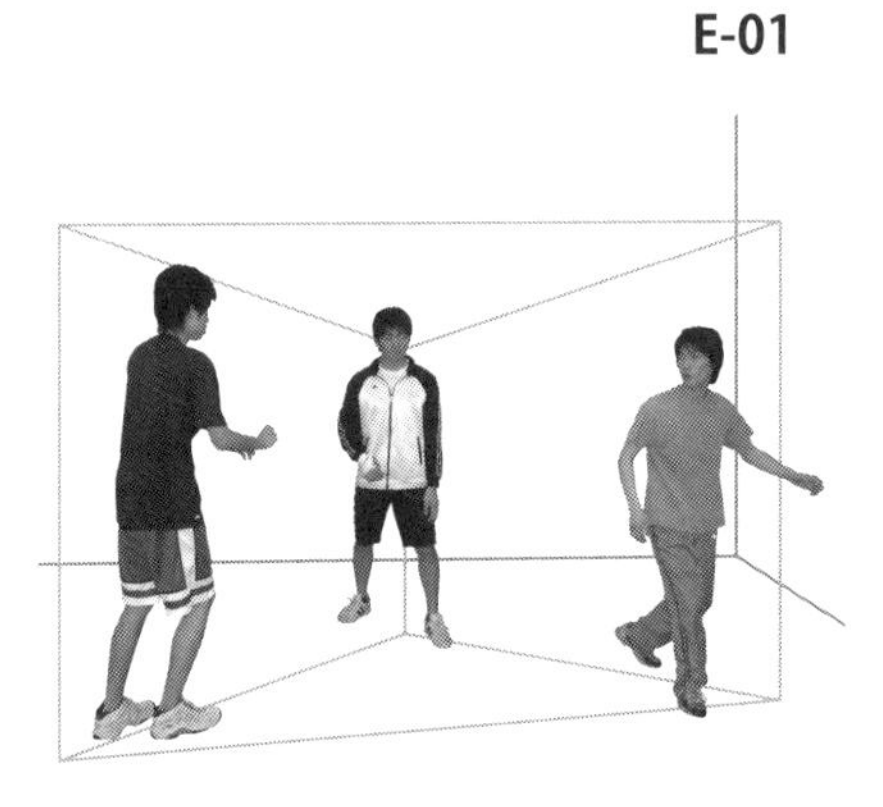

E-02

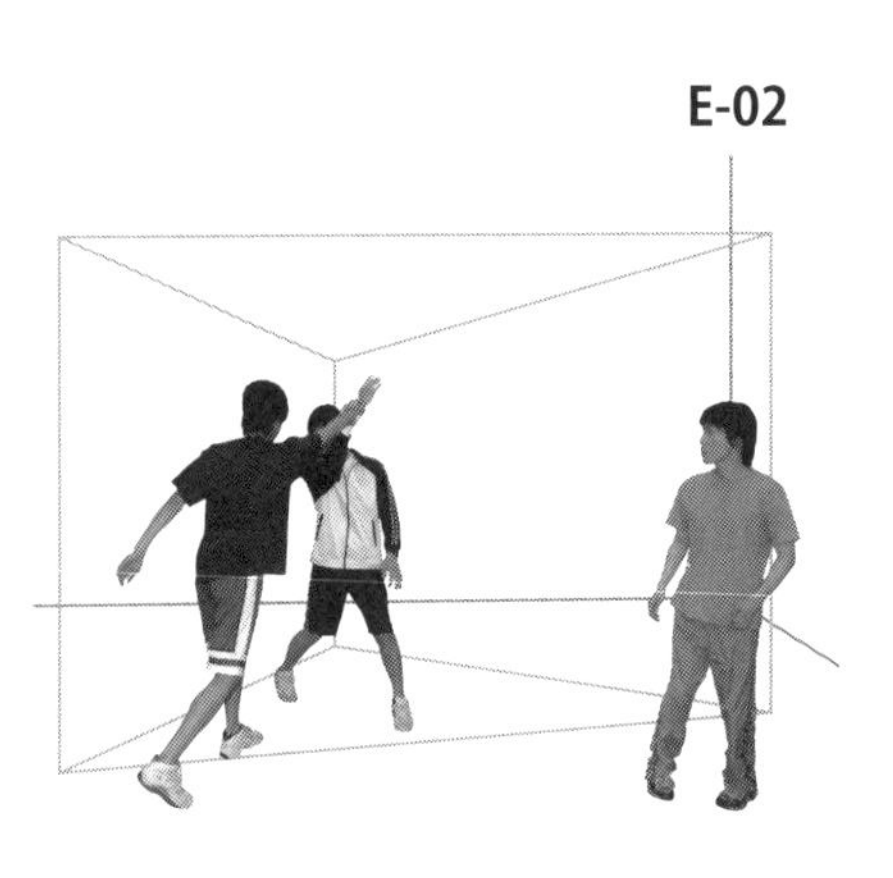

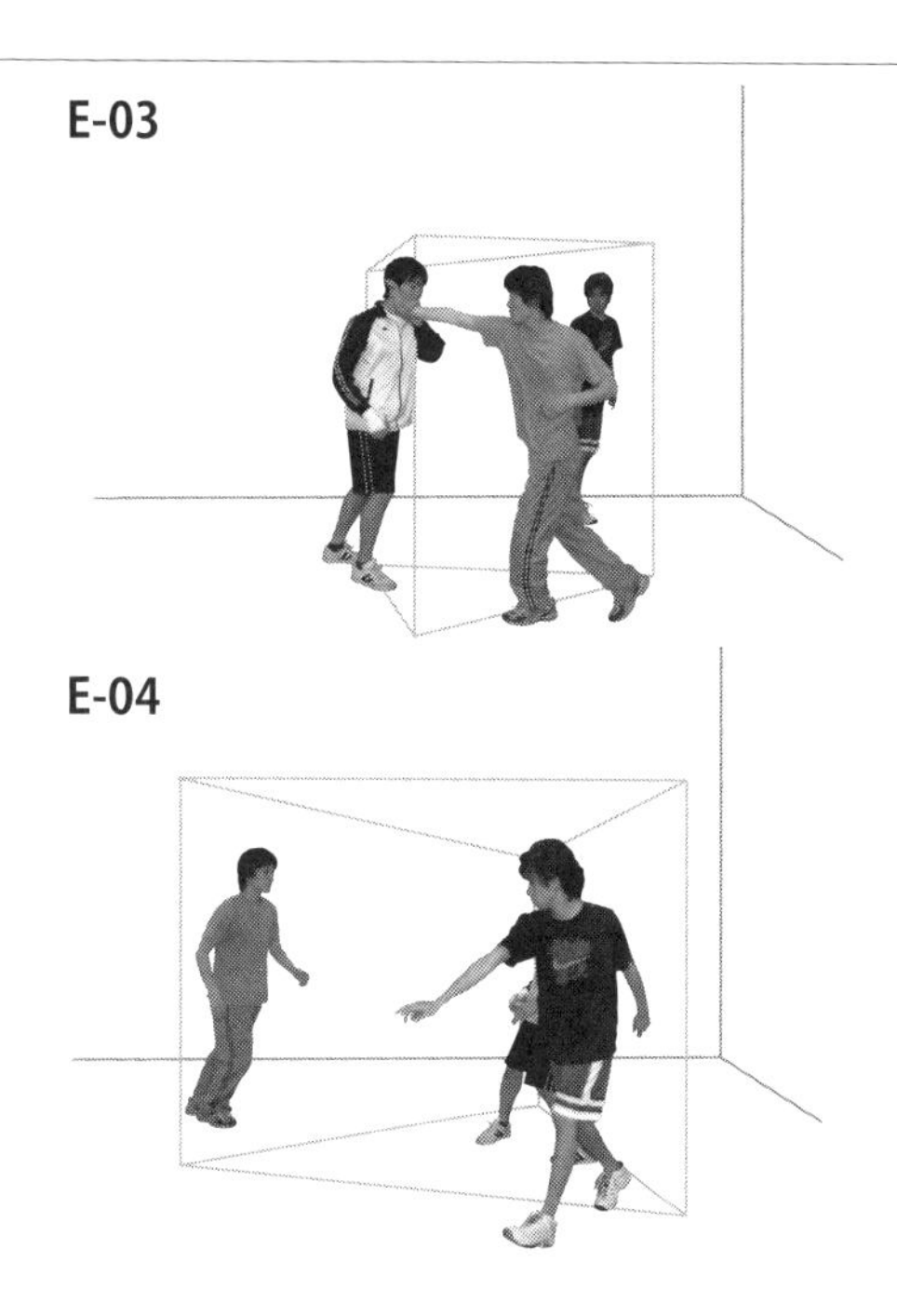

常に視野を意識して動く

稽古の際は、受け手も攻撃側も互いに視野を意識しながら動く。受け手は常に100度の視界内に二人を入れようと動き、攻撃側は互いに距離をキープし、受け手の視界外へ逃れようとする。

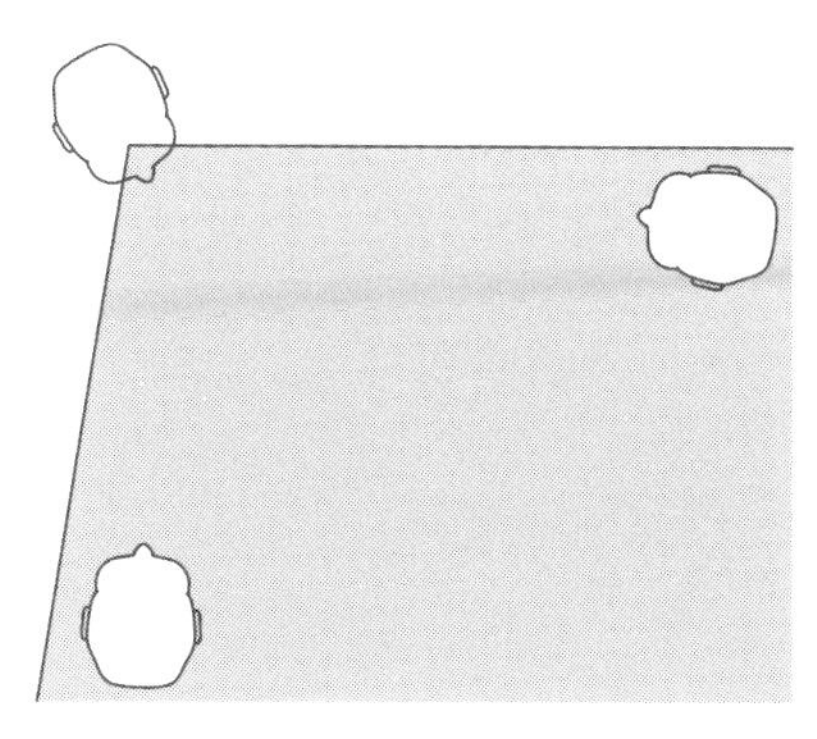

周辺視野を鍛えるII

〝三角包囲を一歩で避ける〟

対二人での攻撃に慣れたら対三人で行うと良い。基本的には二人の際と同じだが、今度は三角形の中心に立ったところから始める（F‐01）。二人の時に比べ視界内に相手を捉えることが難しいはずだ。また攻撃を避けるためには無駄な動きを抑え、常に上体を真っ直ぐに保ち視野を確保する（F‐02〜04）。また攻撃側も互いにぶつからず三角形の中心に受け手を置くようにフォーメーションをキープし包囲し続ける為には常に他の人間の動きを把握する必要があり、こちらも周辺視野や姿勢の稽古となる。慣れてきたら速度を上げ、前蹴りなどを加える。必ずゆっくりでも相手の中心を狙う。

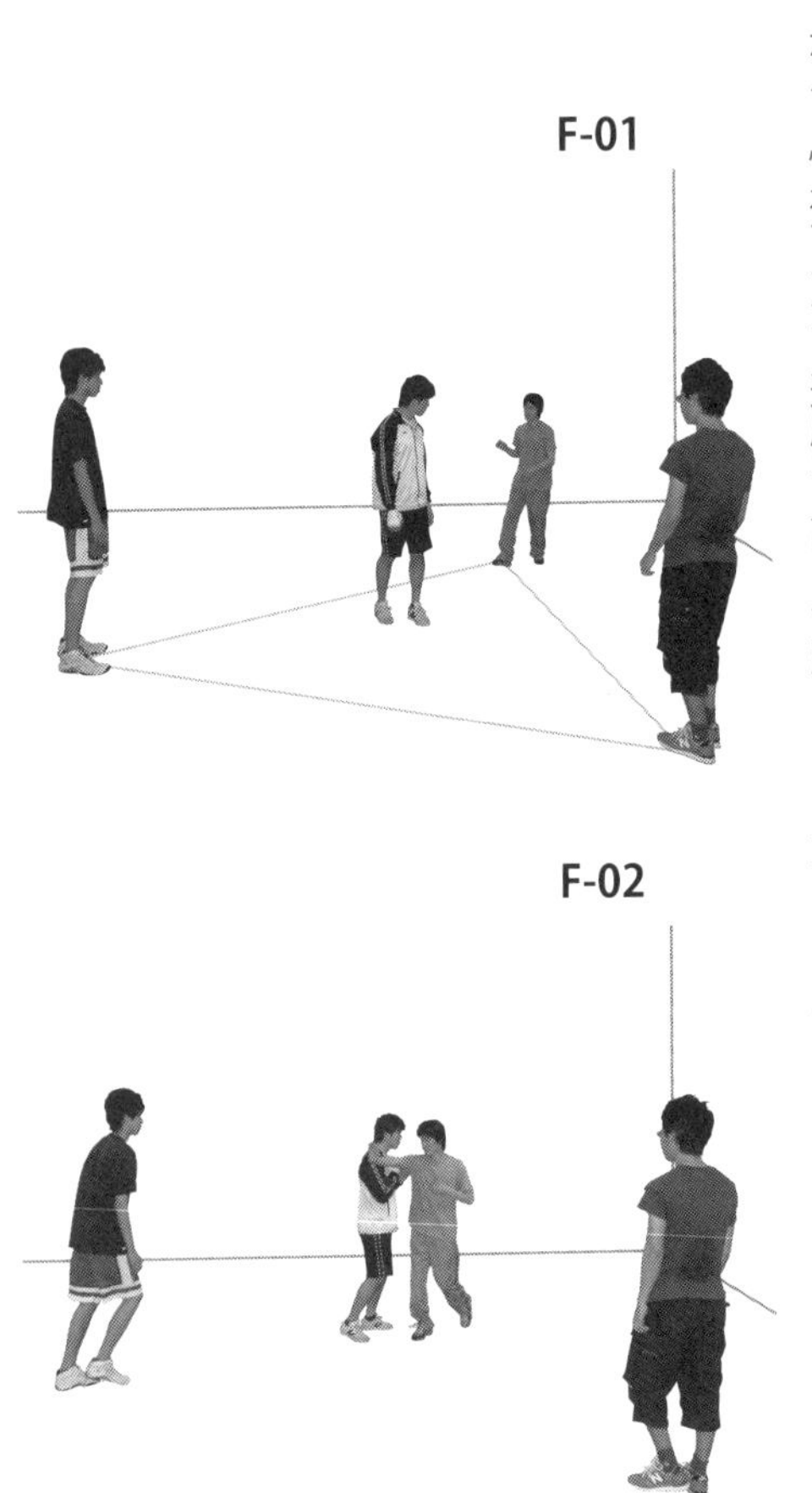

F-03

F-04

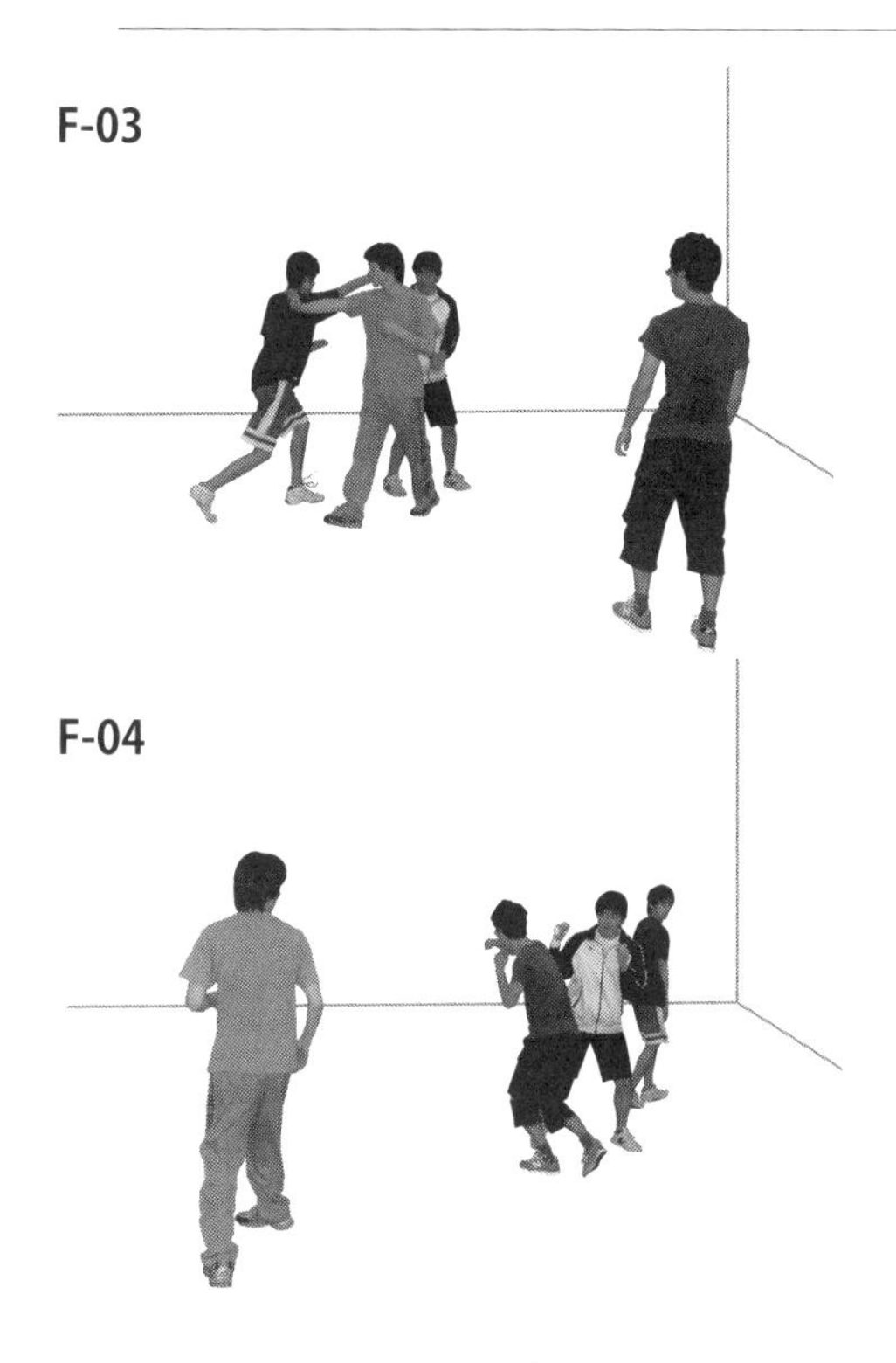

一歩で避ける

攻撃側は必ず直線で突き・蹴りを出しながら進む。受け手はこれを必ず一歩で避け、常に次の攻撃を意識する。慣れてきたら一歩から半歩と動きを最小限にし、避ける際に肩や背中など、相手の身体の一部に触れてもいい。ただし、まず避けることが大事。触れることに意識を持ち攻撃を受けてしまっては意味がない。

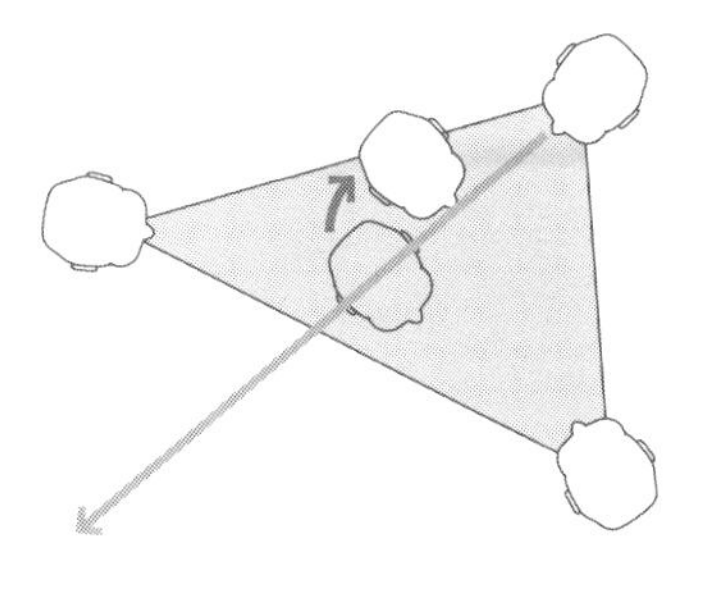

揺れない目を創る

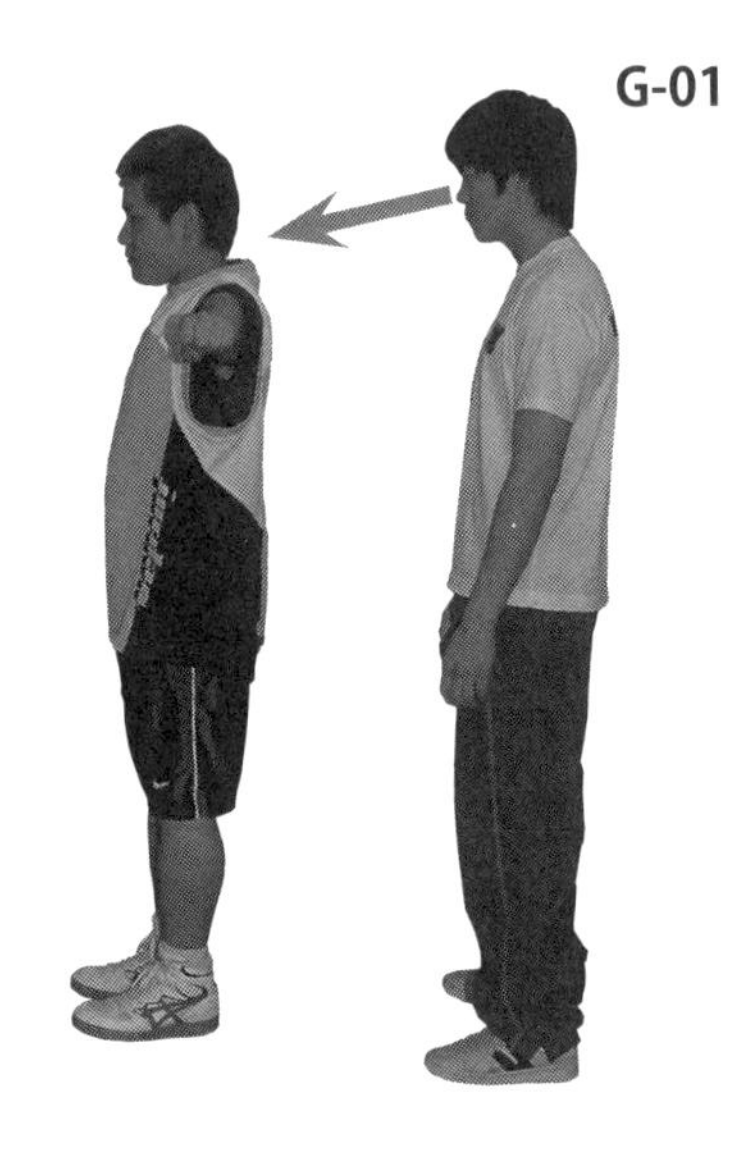

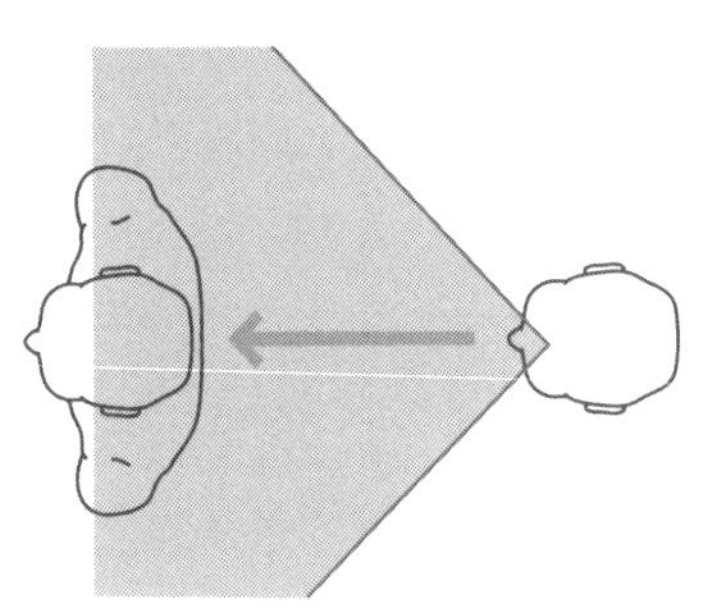

両腕を横に伸ばしたパートナーの背後に立ち後頭部に目の焦点を合わせる（G-01）。パートナーが左右に反転するのに合わせて、腕にぶつからないように移動。この際、目は後頭部から離さず、同時に周辺視野で腕を目の端に捉える（G-02・G-03）。

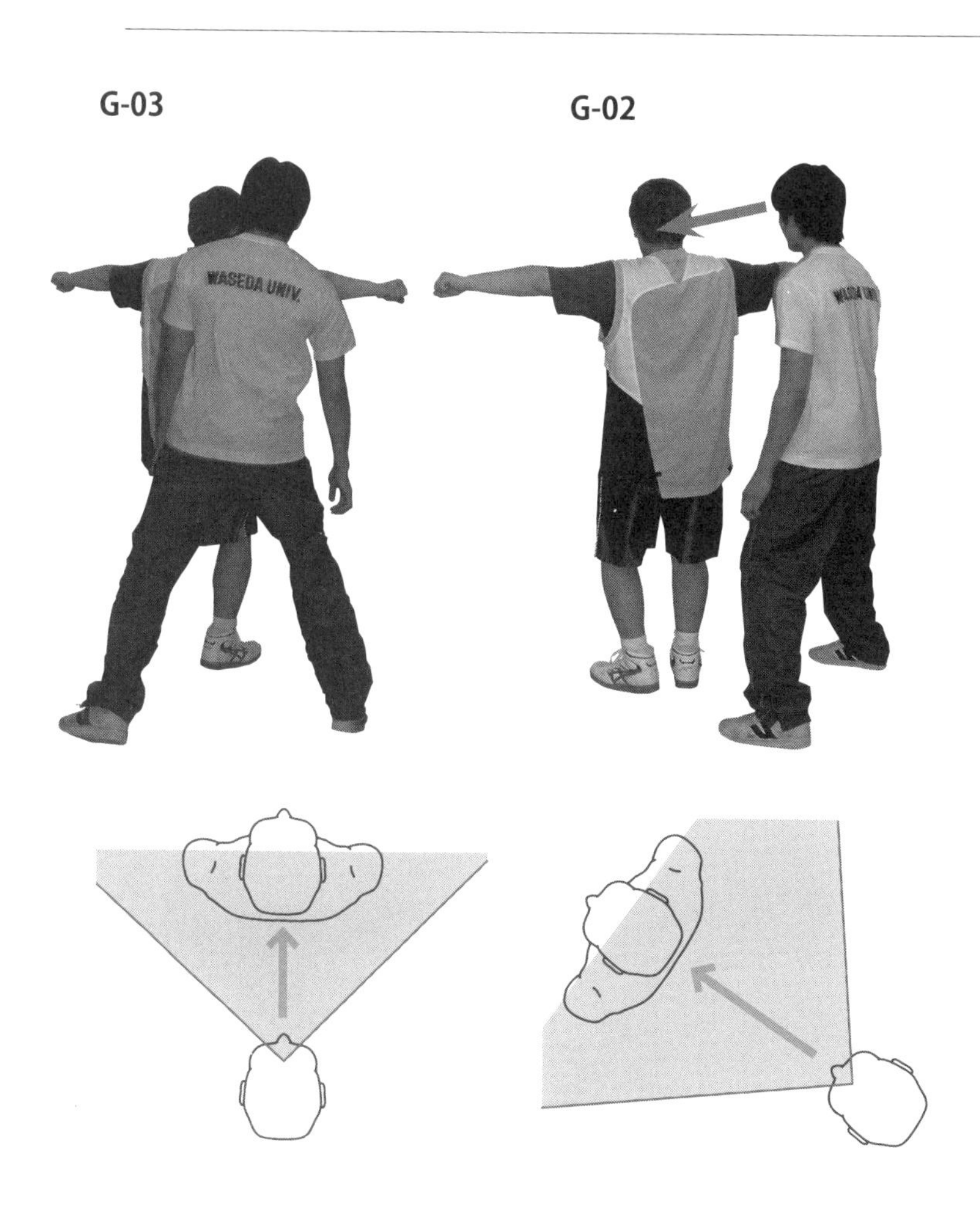
G-03
G-02
WASEDA UNIV.

第4章

・マジシャン
美人マジシャンが語る〝目〟の騙し方

三賀美

取材・文◉『月刊秘伝』編集部

①視線を導く、本気の目

常に人の目と直接的に対峙する職業・それがプロマジシャンだ。自分の一挙手一投足に注がれる観客の視線を欺き、鮮やかな手並みで観る者を感動させる。では、彼らはいかにして自分に集中する目を操作しているのか？　そこでここではプロマジシャンの三賀美(さがみ)氏に「騙す側」の立場から視線についてお話を伺った。

「確かにマジックに視線は大事ですね。例えばテーブルなどの近い距離でマジックをお見せするときには、目を見るようにしています。こちらがお客様の目を見ると、お客様もこちらの目に集中するんですね。その時、スッと手元のカードを目の端で見るんです。

逆に、お客様に見せたいモノを見る場合もあります。例えば右手でハンカチを振りながら、左手でトリックを仕掛けるときは、ハンカチを見るんです。このとき大切なのはハンカチを心から〝本気〟で見ること。中途半端な気持ちで見ていると、お客様は違うモノを見てしまう。また右手に持っているコインなどを左手に持ち替えても、左手には何もないという現象を目にされたことがあると思います。もちろんコインは右手に入っているんですが、これは残像を利用した技法のひとつで『パ

三賀美

Sagami

12歳から演劇を学び始め、その後、マジックの魅力に惹かれマジシャンとして活躍。また、女性2人組みのマジックコンビ『さがみ＆リトルウィッチ』を結成し、注目を浴びた。現在はドッグトレーナーとして活躍中。

マジシャンが観客に見せたいモノを見せるためには、演じる側が〝本気〟で見る必要があるという。目という受像器官が外に力を発信している一つの例と言えるだろう。

ス』と言います。ここでも大事なのは「左手にコインを持ちかえる」と〝本気〟で思い、右手の意識は〝無〟にすることなんです。

そうそう、昔このコインの練習で、掌に500円玉を挟んだままレジを打っていて、気がついたら挟んだ500円玉が無くなってたことがありますよ（笑）」

2 武術にも通じる〝マジシャンズセレクト〟

「テーブルと違ってステージなどの大きな場所の時は、観客席の奥に目標をつくって、舞台では常にその一点を見てニコニコしてることですね。そうするとお客様は〝自分を見ている〟と

目線をそのままに僅かに首を傾げただけのように見えるが、実はこのとき目の端でカードを捉えている

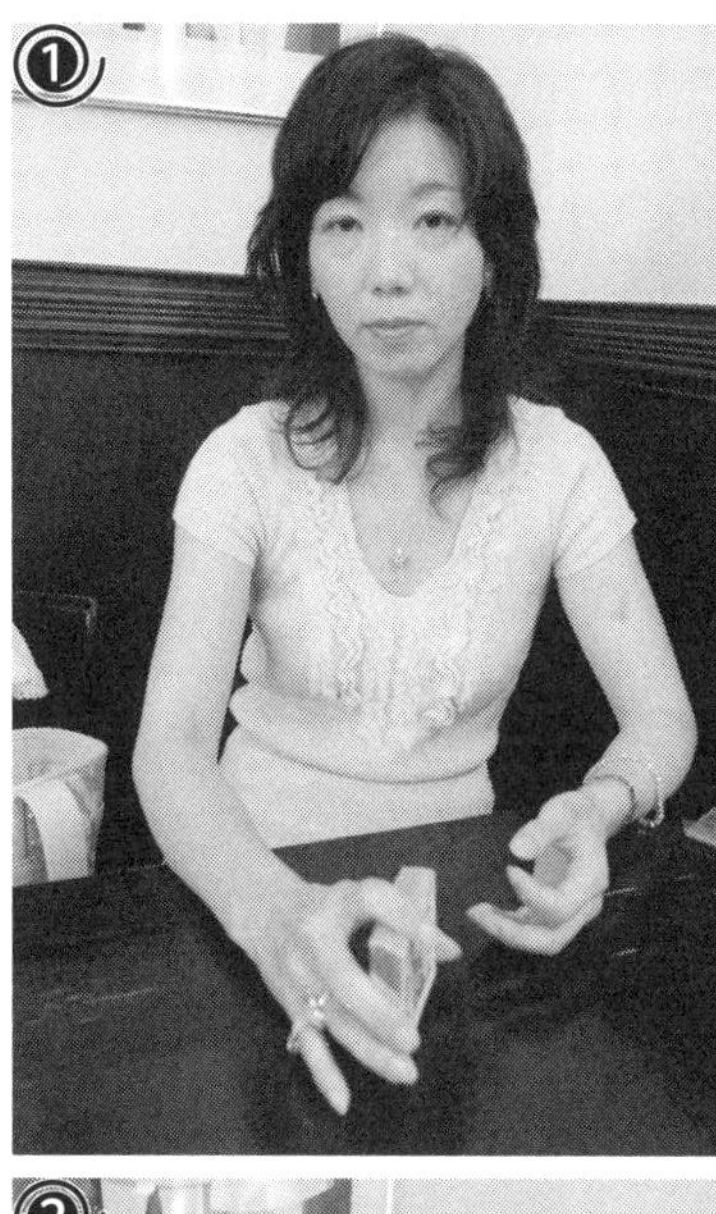

コインを掌に隠すトリック。基本的なものだが重要なのは本人もコインを〝持っている〟意識をなくすことだという。

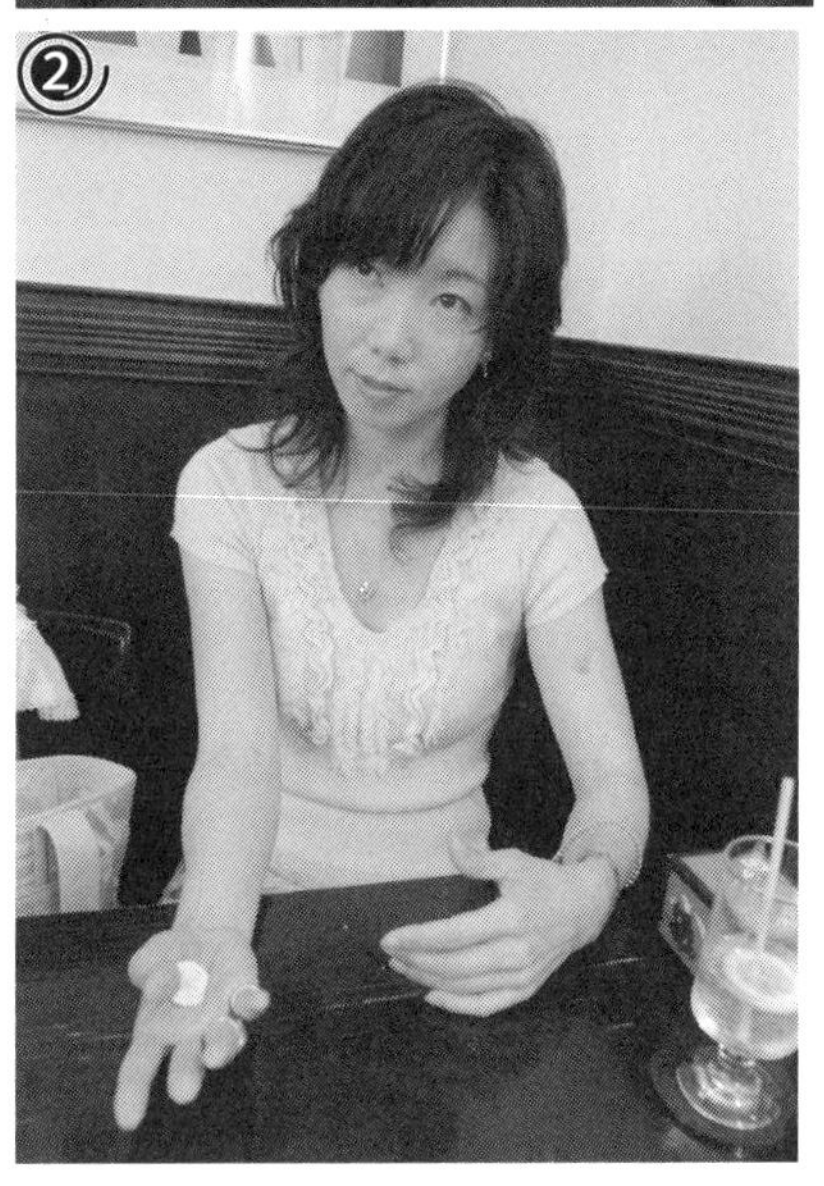

錯覚するみたいで（笑）集中してくれるのが分かります。

ただマジックの場合は視線だけではないですね。特にテーブルマジックの場合は呼吸を読むことが重要です。よく〝好きなところで指を入れてください〟とお客様にカードを選んでもらうシーンがありますけど、実はこの時はお客様の呼吸と、〝取りたい！〟という気持ちを読んで、実はこちらが取って欲しいカードを〝取ってもらってる〟んです。これを技法のひとつで〝フォース〟といいます。

もちろん時には、思ったカードと違うものを取られちゃう時もあるんですけど、その時は違うマジックに切り換える。

例えば私がお客様が選んだカードを知らなくてもできるモノにするとか、カード自体を使わないマジックにしてしまうとか。お客様は私が何をしようとしていたか知りませんからね。

これがマジックの基本〝マジシャンズセレクト〟と言われる技法なんです。複数の中からひとつだけ選んでもらうのですが、その際に言葉や目線で巧みに誘導してこちらが「選んで欲しいもの」を選んでもらうんです。このときに大事なのは、選んだお客様も観客も〝選んだ〟のは「お客様自身」だと思わせることです。でも本当の選択権は私にしかないんですよね！（笑）

さっきの呼吸を読むというのも、仕掛けの時だけではなくて、お客さんの態度や嗜好を読んで瞬時に出し物を変えるんです。

ですから実際に、大事なことは〝見せたいものを見せる〟ということでしょうか。その為にはこちらも本気で見なければならないし、ほとんど無意識のうちに作業が出来るまで練習しなければならないんです。もしかするとそれは武術と同じかも知れませんね」

第2部

〝剣の眼〟編

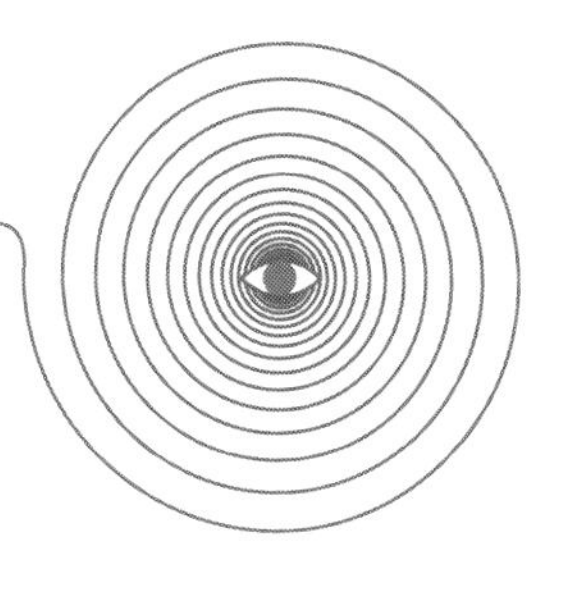

第5章

・円明流

武蔵が遺した剣術 円明流術理に潜む〝観の目〟

赤羽根龍夫　赤羽根大介

文◉『月刊秘伝』編集部

①武蔵が尾張に伝えた剣

宮本武蔵は1604年、吉岡一門との決闘に勝利した後、「円明流」を名乗るようになる。当時、武蔵は二十代。もう一つの流儀として知られる「二天一流」を名乗り始めるのは大分後、晩年になってからの事だ。

名古屋にある春風館は、「円明流」を現代に伝える道場の一つ。春風館の初代、神戸(かんべ)金七館長は尾張柳生十代、柳生厳周の新陰流を伝えており、同時に佐藤政五郎より相伝された尾張貫流槍術および尾張円明流を伝えている。円明流はかつて左右田家が四代に渡って継承していたが、五代邦淑が不祥事により追放されたため、その弟子であり、同時に尾張貫流槍術の宗家でもあった市川長之が継ぐ事となる。以降、市川家が円明流も尾張貫流も伝えていくことになったが、市川余所吉が市川武之進に、武之進が桜山兵太夫に伝えた所で途絶えてしまう。しかし、市川余所吉から円明流の実伝を受けた尾張貫流天野派の天野信友が佐藤政五郎に伝え、それが神戸金七に、さらに加藤伊三男春風館館長へ、という形で継がれる事となった。

尾張には武蔵の逸話がいくつも残っており、『尾張公徳川氏系譜』には次の記述がある。

赤羽根 龍夫

Akabane Tatsuo

名古屋・春風館道場にて柳生新陰流、円明流、尾張貫流槍術を学ぶ。現在は春風館関東支部長として鎌倉・横須賀で「新陰流・円明流稽古会」を主宰し、指導に当たっている。平成 27 年 12 月、加藤館長より「貴殿が厳周伝・柳生新陰流および尾張円明流を正しく継承していることを認める」の証を受ける。著書に『柳生新陰流を学ぶ』『武蔵「円明流」を学ぶ』（スキージャーナル刊）、『宮本武蔵を哲学する』『徳川家康と柳生新陰流』（南窓社刊）、『武蔵 " 無敗 " の技法』（BAB ジャパン）などがある。

〈新陰流・円明流稽古会　ブログ〉

http://blog.livedoor.jp/shinkage_keiko/

赤羽根 大介

Akabane Daisuke

春風館関東支部指導員として父龍夫師範とともに指導。平成24年10月、加藤館長より尾張円明流十七代継承者に定められ、平成28年6月「唯綬一人大事」の印可相伝を受ける。著書に『新陰流軍学「訓悦集」』『武蔵「円明流」を学ぶ』（スキージャーナル刊）、神戸金七編『柳生の芸能』（校訂）『新陰流（疋田伝）の研究』（春風館文庫）がある。『DVD版 柳生新陰流を学ぶ』『DVD版 武蔵「円明流」を学ぶ』（スキージャーナル）、DVD『最強の二刀流技法』（BABジャパン）の演武を担当。

天下無双の達人宮本武蔵至る。卿（徳川義直）これが武芸を見ていわく、凡骨に非ず。妙神に入る。これに仕を勧む。肯かず、客遇し、留まる三年。

（武蔵の武芸は非凡であり、その巧みさは神技であると云って仕官を勧めたが、武蔵は承知しなかったので、客人扱いしたところ、三年間尾張に滞在した。）

また、尾張範士の近松茂矩『昔咄』（1738）には武蔵が立合った話が書かれている。

宮本武蔵が名古屋に来たりしを召され、御前に於て、兵法をつかい仕合せし時、相手すつと立合うと、武蔵、組たる二刀のまま、大の切先を相手の鼻の先につけて、一間の内を一遍回し歩き

現在桜山家に、市川武之進による印可状とともに所蔵されている武蔵像。軸裏には「圓明流祖玄信五月十九日」と墨書されている。

て、勝負かくの如くに御座候と、申し上げし。

(宮本武蔵が名古屋に来て御前にて兵法立合いを行ったときの事、武蔵は二刀を前方で組み合わせる構えで立ち向かい、相手の鼻先に大きい方の木刀をつけ、そのまま追い回して、勝負はかくの如くで御座居ますと藩主に申し上げた。)

春風館には、神戸金七が柳生厳周から聞いたという、武蔵と柳生兵庫助が出会った時の逸話が伝えられている。二人が出会ったのは名古屋の西北、枇杷島の庄内川に架かった枇杷島橋の上。西から武蔵、東から兵庫助がやって来ると、互いにその正体を看破したものの、その時は黙ってすれ違ったという。

武蔵が導入した訳ではないが、四代・八田智義以来、袋竹刀が用いられる点は、新陰流との影響関係を示しているのだろう。

今回取材させていただいたのは、春風館関東支部の赤羽根龍夫師範、赤羽根大介師範だ。

「武蔵というと『五輪書』が引き合いに出されますが、名古屋円明流では『兵道鏡』（武蔵二十四歳の時の筆）と「兵法至極」を得た50歳の頃書かれた『円明三十五箇条』（春風館蔵・熊本で書いた『兵法三十五箇条』の元となる）を術理書として扱っています」

と赤羽根龍夫師範は語る。

では、剣の術理について、実際にうかがっていこう。

二刀の理

型稽古を漠然と眺めているだけで、全身が連動するその見事な流麗さに驚く。そして素早さ。何しろ防御と攻撃がほぼ同時なのだ。

「日本剣術の特色は一言で言えば〝直線攻撃を円運動で防ぐと同時に打ち勝つ〟という事です。

円明流の構え

円曲

二刀を先で交差させるようにして、肩、拳、剣先を次第に低く、水が流れるように構える。剣先を下げる事によって〝誘い〟の意図が含み持たれている。

下段円曲

太刀をだらりと下げた、別名〝無構え〟。武蔵が好んで取ったとされ、残されている肖像画はほとんどこの構え。

上段

左の小太刀は相手の顔に付け攻める勢いを示す。太刀は右の鬢（耳ぎわの髪）の辺りに45度に構える。

左脇構え

小太刀は相手の顔に付け攻める勢いを示す。太刀は腰に差したように構え下から切り上げる。

車

新陰流の車の構えに似る。二刀を重ねて右脇に構える。

二刀の極意

〝上に来るものは下に勝ち、下に来るものは上に勝つ〟

相手が上に攻めて来れば下に勝ち、下に来れば上に勝つのが円明流二刀操法の本旨であり、極意。二刀を用いる事によって受けと攻撃、ほぼ同時の捌きが成立している。なお、〝受け〟においては相手の斬撃をまともに受け止めるような形ではとてももしのげない（左列写真参照）。逆に乗り勝つほどの勢とタイミング、位置が重要になってくる。二刀同時のさばきはどちらかだけにとらわれてしまってはならない。全体を同時にとらえる〝観の目〟が必要。

そのためには〝待つ〟という事が大事です。武蔵は『兵道鏡』の冒頭で〝心の持ち様と云うは、まず仕合せんと思う時、平生の心よりは、なお静かになって、敵の心の内を引き見るべし〟と書いています。〝観の目〟の前提に〝静かに敵を見る〟という事があるんです」

まず示していただいたのが、計十一本から成る〝二刀勢法〟という型の九本目。

「これは〝見切り〟の稽古なんです。相手の太刀筋を正確に見切って、最小限の動作でかわし、相手が再び振りかぶって打って来ようとする瞬間を反撃します。武蔵はこの〝見切り〟の技が得意だったと言われています」

この〝見切り〟、傍で見るほど簡単ではない。相手の攻撃ラインは足の位置と刀の長さだけで決まってきそうにも思えるが、実はそうではないからだ。上半身の状態、腕の状態などにも留意しなければならない。つまりは全身隈無く、同時に見取らねばならないのだ。これは〝観の目〟に他ならない。

稽古方法としては、最初は実際に当たる所を体感し、そこから次の段階として〝見切り〟を学んでいくのだという。〝当てる〟プロセスが踏めるのは、袋竹刀を用いる利点と言えるだろう。

二刀勢法

九本目

我　両刀を前に垂れて下段円曲になりて進む。

敵　雷刀（上段）。　進みて浅く首を打つ。

我　少し頭身を却（しりぞ）けて避け、敵、刀を挙ぐるところを二刀を交差させ相架け止め、強いて太刀を上げんとするを二刀を開いて上げさせ、再び打たんとするところを小刀で止め、大刀で下から敵左手を切り上げる。

③

④

⑤

⑥

〝空を打つ〟

剣術の型というものはほとんどが、相手が攻撃してきた所を防ぎ、それによって相手の体が崩れた所を反撃する、という構造になっている。

その意味で、三本目、四本目は面白い。ぱっと見には自分から先を取りに行っているように見えるのだ。

『三本目は相手が誘いをかけてくるほんのちょっとした、切先を下げる挙動の起こり様をとらえて押さえ込みます。

四本目は相手が打とうとしてくるその起こり様をとらえてすくい上げます。

どちらもあくまで相手の挙動の起こり様を、その動く前にとらえるもの。自分勝手なタイミングで押さえ込もうとしたり、すくい上げようとしたら、打太刀はちょっと意地悪をしてスカす変化をして反撃してやるんです。打太刀の**起こり**を本当にとらえているのであれば、そんな反撃はかないません」

なんと精妙な！　見えないところでそんなやり取りが行われていたとは。

「〝観の目〟というのは『五輪書』だけでなくもちろん『兵法三十五箇条』にも用いられている言葉で、その第六条に〝観見二つの見様、観の目つよく、見の目よわく見るべし〟とあります。『兵道鏡』には〝目の付け所と云うは顔なり……敵の顔見様の事、たとえば一里ばかりもある遠き島に、薄かすみのかかりたるうちの、岩木を見るがごとし〟とあります。いわゆる〝遠山の目付〟の事ですが、じっと見るとそこにとらわれてしまうので全体をみよ、という意味だと思われます。では何を観るか？　それは〝空（くう）〟を観るんです」

〝空〟……？

「『兵法三十五箇条』「枕のおさえという事」に〝枕のおさえとは、敵太刀打出さんとする気ざしをうけ、うたんとおもう、うの字のかしらを、空よりおさゆる也〟とあります。打とうとする〝気ざし〟を技が起こる前に察知すれば、相手はどうする事も出来ないんです。

〝空〟とは起こりの手前の事を意味しています。〝万理一空〟というのもそれです。『円明三十五箇条』では〝万理一空は書にあらわしがたし。自身工夫にあり。無一物〟となっています。つまり武蔵の〝空〟は〝観の目〟でしか見えない、技の起こる手前を言っているんです。それは教える事は出来なく、自分で工夫して会得するほかない。その意味で〝万理一空〟なんです」

二刀勢法

三本目

敵　中段。

我　上段。合懸かりに進む。

敵　間境にて中段の切先を僅かに下げて打ちを誘う。

我　打太刀の太刀が下がらんとする刹那、中刀を以て切先を斜め下に抑え、同時に太刀を以て左側頭部あるいは肩を打つ。

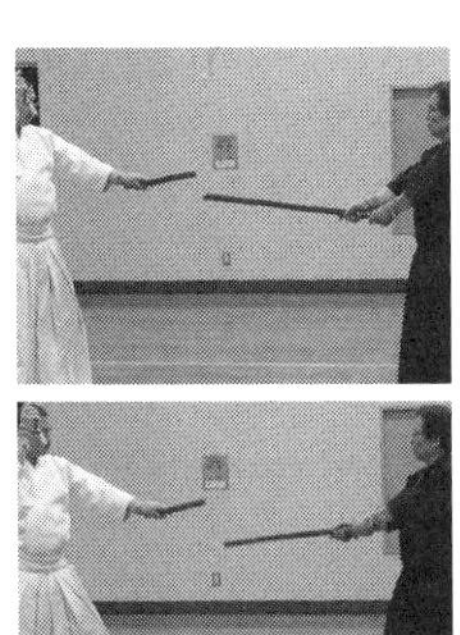

仕太刀が勝手なタイミングで押さえ込もうとした時の打太刀の変化

二刀勢法
四本目

敵　中段。
我　上段。合懸かりに進む。
敵　間境にて中段の切先を僅かに上げて打たんとする。
我　打たんとする「う」の瞬間、打太刀の太刀を斜め上にすくい上げ、同時に内股あるいは足を打つ。

仕太刀が勝手なタイミングですくい上げようとした時の打太刀の変化

4 起こりの瞬間に観えるか

春風館関東支部道場では、まさしく〝観の目〟が養われそうな、独特な稽古方法を取り入れている。

「これは本来の円明流のものではないんですが、加藤館長の許可をいただいて我々独自に実施しているものです」

一本目

両刀雷刀　我両刀、敵一刀
相懸かりに進む。敵、**我の頭を打つ**。我、中刀を以て相架け止め、太刀を以て打太刀の内股または足を打つ。

二本目

敵、我とも一本目の如く構え、相懸かりに進む。敵、逆に深く**我の右拳を打つ**。我、太刀を以て相架け止め、中刀を以て撞く。

五本目

敵、我とも一本目の如く構え、相懸かりに進む。敵、**我の左拳を打つ**。我、中刀を引き、同時に太刀で頭を打つ。

104〜105ページの写真は〝二刀勢法〟の一本目、三本目、五本目だ。どれも共通して仕太刀、打太刀ともに上段構えから始まる。

それぞれの違いは、打太刀がどこを打ってくるか。一本目は頭、二本目は右拳、五本目は左拳だ。とは言え、どれも上段からの攻撃だから、攻撃ラインはそう大きくは違わない。

「打太刀はこの三本のどれかで攻撃します。つまり、仕太刀は相手の攻撃がどこへ来るかを見極めた上で、型通りの対応をしなければならない、という〝自由稽古〟です」

これは実際に体験させていただいた。何分、型の動き自体に習熟していないものだから、最初

一本目（我の頭への斬撃）の対応

二本目（我の右拳への斬撃）の対応

五本目（我の左拳への斬撃）の対応

は〝こう来たらどう対応するんだっけ？〟が頭の中を巡る。対応どころではない。そのうち型の手順には慣れてくるが、今度はその分、最初の攻撃がどこに来るのかが気になって仕方がなくなってくる。〝あっ、頭じゃなくて左拳か！〟のような感じ。

そんな中、何本も何本も繰り返す中で、ほんの数本だけわかる瞬間があったのだ。その時だけは、こちらが後追いのはずなのに両者同時のような動きになった。何かがとらえられたのだと思う。〝観の目〟出来かけ、といった所か。

「〝観の目〟という言葉を用いたのは、実は武蔵だけではありません。柳生宗矩も『兵法家伝書』で〝目に見るをば見と言い、心に見るを観と言う也。心に観念する儀也〟とあります。実際に見える手足の動きを見るのを〝見〟と言い、間合いや魂胆や心のとらわれ、手足の働きの4つを見るのを〝観〟と呼んでいます。表に顕われないそれら4つを見る事が出来ればそれらの動きは実際の手の内に顕われているので、結局、手の動きをみることに極まると言っています。実は柳生新陰流の極意も技でなく「見ること」なんです。武蔵も柳生も極意は〝観る〟事であると言っているんですね」

なるほど、大分、〝観の目〟をもって観る事の本質が掴めてきた。先に赤羽根師範は「〝待つ〟という事が大事です」と仰った。実際的に言えば、先に相手に出させてのカウンターはあらゆる武術に通用する勝利公式でもあるのでそれだけで〝待つ〟には価値があるが、受動的な感は否めない。しかし、〝観の目〟にはそれを能動的な次元にまで高め得る力を持っているのではないだろうか。待っているようで待っていない。すべてが観えているから、〝待ち〟の勢にして相手に先んじる事すらも出来る。

それにしても、古流剣術のこういう深い次元の術理がきちんと現代に、しかも具体的な稽古法を伴って実在しているのは、改めて、凄い事だと思う。

自分の術理を400年もの未来の人間が真摯に追究している事、武蔵には観えていたのだろうか？

第6章

■彫刻家・小野派一刀流剣術

〝触覚的な眼〟を得るための「中心線」の見極め

池田宗弘

取材・文◉増井浩一

①〝奥行き〟の認識と〝中心線〟の掌握

日常的に車を運転する人は、「奥行き」の認識について、無意識のうちにやっているんですよ。それは、武道をやる上でも同じです。ただ無意識にやりすぎていて、自分がどういう目で見ているかをわかってはいない。〝目〟を意識していないから、自分がどういう意識で見ているか、改めて問われるとどう答えていいか分からなくなるわけです。しかし我々は〝モノ作り（彫刻家）〟として後輩を指導するときに、「キミの見方は、縦と横の広がりという平面で見ているんだよ。しかし、彫刻はそうじゃない、こういう目で見なければいけないよ」と具体的に示さなければいけないんです。

たとえば目の前に何か物体を置きます。はじめにその物体の「輪郭」を意識するか、それとも「中心線」を先に意識するかで、見える世界がぜんぜん違ってきます。何かを描いてごらんというと、大抵の人は真っ先に輪郭を描き始めますよね。でも我々モノ作りはスケッチする時に、輪郭線は描かないんですよ。

だから私たちが向かい側に座っている人間を描こうとすると、輪郭なんか見ずに、まず中心線を捉えて、そこから空間の中でどこが一番自分に近いのか、ということを見るわけです。この場合は

池田 宗弘
Ikeda Munehiro

1939年8月15日生まれ。東京都出身。若くして彫刻家の道を志す一方で、中学校で小野派一刀流の清野武治師より剣道の手ほどきを受けたことを皮切りに、同流剣術を本分として現在まで様々な武術をも修める。1963年に武蔵野美術学校彫刻科を卒業後、独自の作風で数々の賞を受賞。現代日本を代表する彫刻家のおひとりである。多摩美術大学客員教授。

奥行きで感じる

一般に風景を思い浮かべた時の映像は右図のような形だが、これを立体的に観るのが彫刻家の眼だという。

右：ＡとＢの位置で山の形は見えなくなる

左：風景を左右の拡がりで見ることをやめ、奥行きで感じると、左図のようなことが理解できる

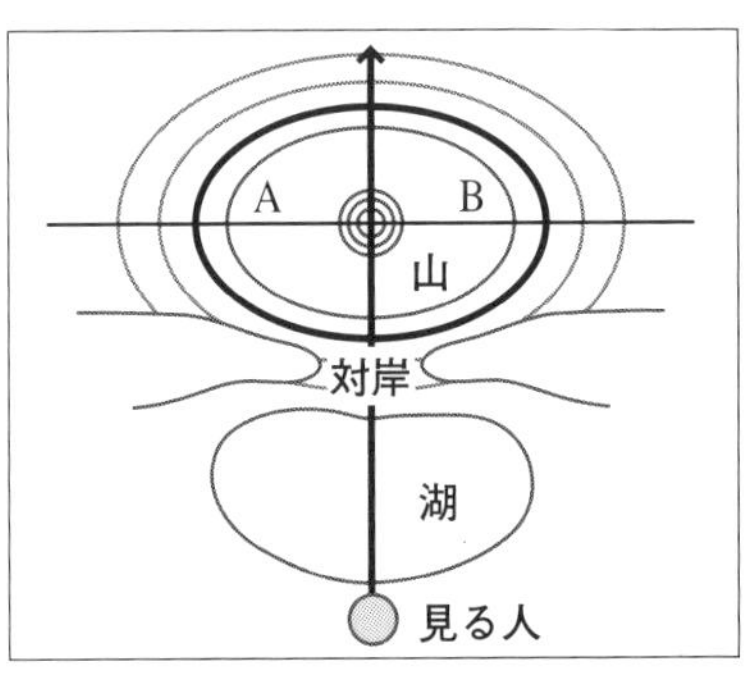

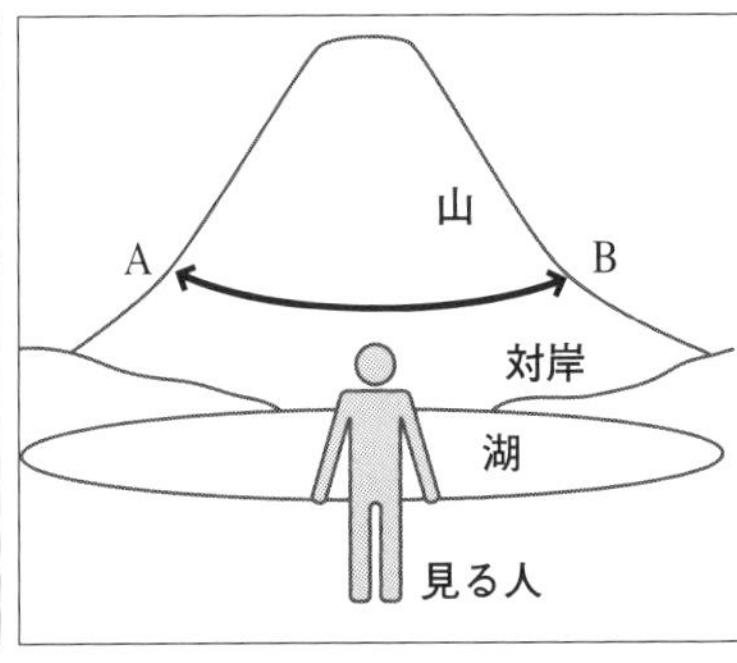

膝がいちばん近いから、そこにポイントを置きます。その奥に中心線があるわけですね。これは、剣術はもちろん、あらゆる武道においても同じでしょう。敵の一番こちらに近い箇所が最も危険であり、そこから、自分が攻撃すべき中心（線）がどれほど離れているのか、を見極めるわけです。でも、普通の人はそういう訓練をしていないから、輪郭ばかりを見てしまう。

山の景色を見た場合、ほとんどの人は稜線の広がるさまで山の美しさは讃えても、手前のすそ野から頂上へとかけ上る曲面を捉えて表現する人は稀ですよね。そういう見方ができると、曲面に沿って引き上げられる感じや、逆に遠くから近くに迫ってくる形や「気」というものを感じることもできて、世界が変わって見えてく

個性的な佇まいを醸しだす、池田氏の作品の数々

るのです。
そこにある植木などを描く場合でも、まずは自分にいちばん近い垂直の線はどれかという見方をして、次にどの幹がいちばん奥にあるかを見ます。その真ん中に中心線がある。これを無意識のうちに把握できるようにすることで、あらゆるものが、瞬間的に解決するのではないか、ということです。これは武術でも大事だし、われわれ彫刻をやっている人間にとっても非常に大切なことです。
空間的な距離を把握するのに、ヨーロッパで中心になっている手法で「遠近法」がありますよね。近くのモノを大きく、遠くのモノは小さく描くという、あれです。けれども、そこが決定的に違うところで、我々は見えている物体の中心線のみを問題にしているわけです。日本画などがそうですが、けっして遠近法的なモノの大小や陰影で奥行きを表現せずに、すべて物体の中心線を基準に描かれている。問

「こうして本を立てた時、最も自分（記者）に近いのはこの背表紙ですね。この先に中心線（中心軸）がある。その中心線との関係を瞬時に把握することで、物体を立体的に捉えることができるようになります」（池田氏）

題は、あれを「奥行きがある」と感じるか、「平面的だ」と感じるか、ですね。

②〝正しい〟剣の攻防とは⁉

この中心線とは、彫刻においては物体の中心軸のことで、剣（小野派一刀流）では「中墨（なかずみ）」と呼びます。人間だったら身体を極限まで絞ったときに表われる真ん中の線です。回転している独楽（こま）の軸のようなものです。武術ではその中心線から自分に向かって出された手足が攻撃の線となるわけです。

中心軸で物を見られるようになれば、相手の中心軸と自分の中心軸を、最短距離で1本の線で結ぶことができるようになります。そ

剣の世界の中心線

自らへ向かって伸びる切っ先は、中心線の見極めがあってはじめて、その虚実を見極めることができる。あるいは最も身近にあるのは、切っ先とは限らないのだ。そこを捉えて、攻防の入り口を開き、相手の中心線へと迫る。一刀流とはその攻防を最もシンプルかつ厳しく規定した武術と言えるかもしれない（写真は明治神宮奉納古武道演武大会より）

の線の行く先に相手の中心軸があるから、そこへ向かってこちらは攻撃を仕掛ければいい。さらに相手に攻撃されたその剣の上から割っていけば切り落としになり、こちらは中心軸を捉えることができる。

こうして双方の中心線を正しく抑えたほうが生き残れる、というのが「中心線の取り合い」による攻防ですね。中心に構えることを「正眼」とも言いますよね、正しい剣というのは、まさにこれなんですよ。

このとき古流においては、向かってくる相手の剣の切っ先を玄関口として、そこをいかに開けて奥の間に入るかが要です。今の竹刀剣道では、この玄関を無視して、いきなり中心軸に飛び込もうとするのをよく見かけます。

古流ではそんな無謀なことはしません。ちゃんと相手の玄関口を開けないと、反撃もできなければ、中心軸を取ることもできないでしょう。その中心軸を捉えるということは、相手と自分との距離を掌握することにもなるんです。こういったことを、武術をやっている人たちは本能的にやっているわけです、厳しい訓練によってね。

3 四方八方から見られる事への意識

私にいわせると、明治以降の美術教育は間違っていますよね。東洋独特のものの理解の仕方は、日本には何百年もの伝統としてすでにあるわけですよ。ところが美術の世界だけではなく、一般的な世界でもその目を失ってしまっている。だからみんな立体把握がヘタなんです。そりゃ、そうですよ。小学校でも中学校でも教えるのは遠近法であり、陰影ですものね。でも日本絵画、たとえば絵巻物とか屏風絵とかでは陰影なんてなくても、見事に空間が表現されている。

陰影は、光の当たり方によっていくらでも変化するから、実体ではないんです。我々は本質的な、モノの実体そのものを触覚的に掌握しなければいけない。武術だって彫刻だって同じです。それこそ目を瞑(つむ)っていても感ずるぐらいのものじゃないと、奥行きのある三次元空間は掌握できないわけ

遠近法の大小ではなく、中心線で奥行きを捉える

「合戦絵巻を見ると分かりやすいですが、鎧武者など奥にいようが手前にいようが全部を同じ大きさに描いてある。だから奥行きを持ちながらも、全体の様子が分かるのです。これは凄い表現力なんですよ。これを平面的と認識する人もいますが、各々の中心線が正確に捉えられているから、三次元的な空間として見事に成立しているわけです」（池田氏）
この中心線だけを見ることで捉えた奥行きと、遠近法的手法で捉えた距離感との違いを、実際に手近なコーヒーカップを例としたラフ画で説明いただくことができた。

※池田氏本人の直筆画。

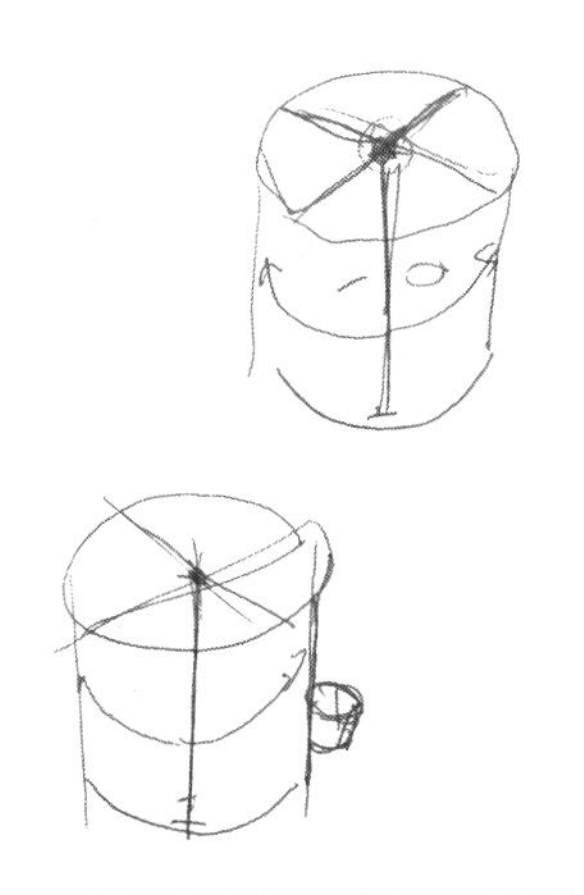

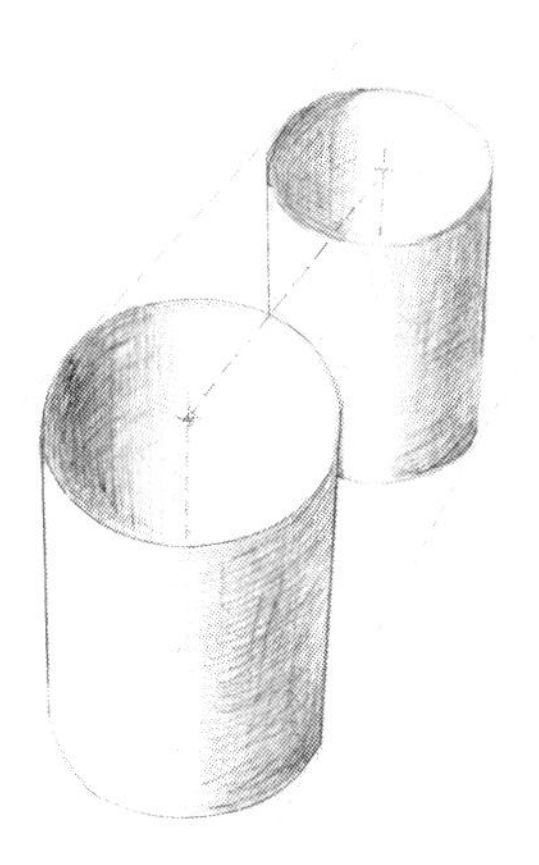

絵画などで見慣れた形は右の図だが、各々のカップの中心線のみを元として描かれている左図をじっと見ていると、一見ただ並んでいるようなカップに不思議な距離感が感じられてくる。おそらく中心線を基準とすることで、各々の立体感がより際立つことが、こうした効果を生むのではないだろうか。まさに触覚的な視覚の妙がそこにある。

中心軸の創造

下は、彫刻の安定性を得るための、中心軸を創造するテクニックとのことだが、物体の中心軸の見分け方や、自他の構えの安定性などを知る上でも大いに役立つことと思える。
①直立しているモノの中心軸（A）は、言うまでもなくその物体の中心を貫いている。
②しかし、物体が少し傾いた状態でも、中心軸がそのままではいかにも不安定で落ち着かない。
③そこで、例えばその底面にもう一つの線（横棒など）を想定する。これによって、新たな中心軸（B）を生み出すことができる。これは、もう一つの線によって、物体の全体像が変化したためだ

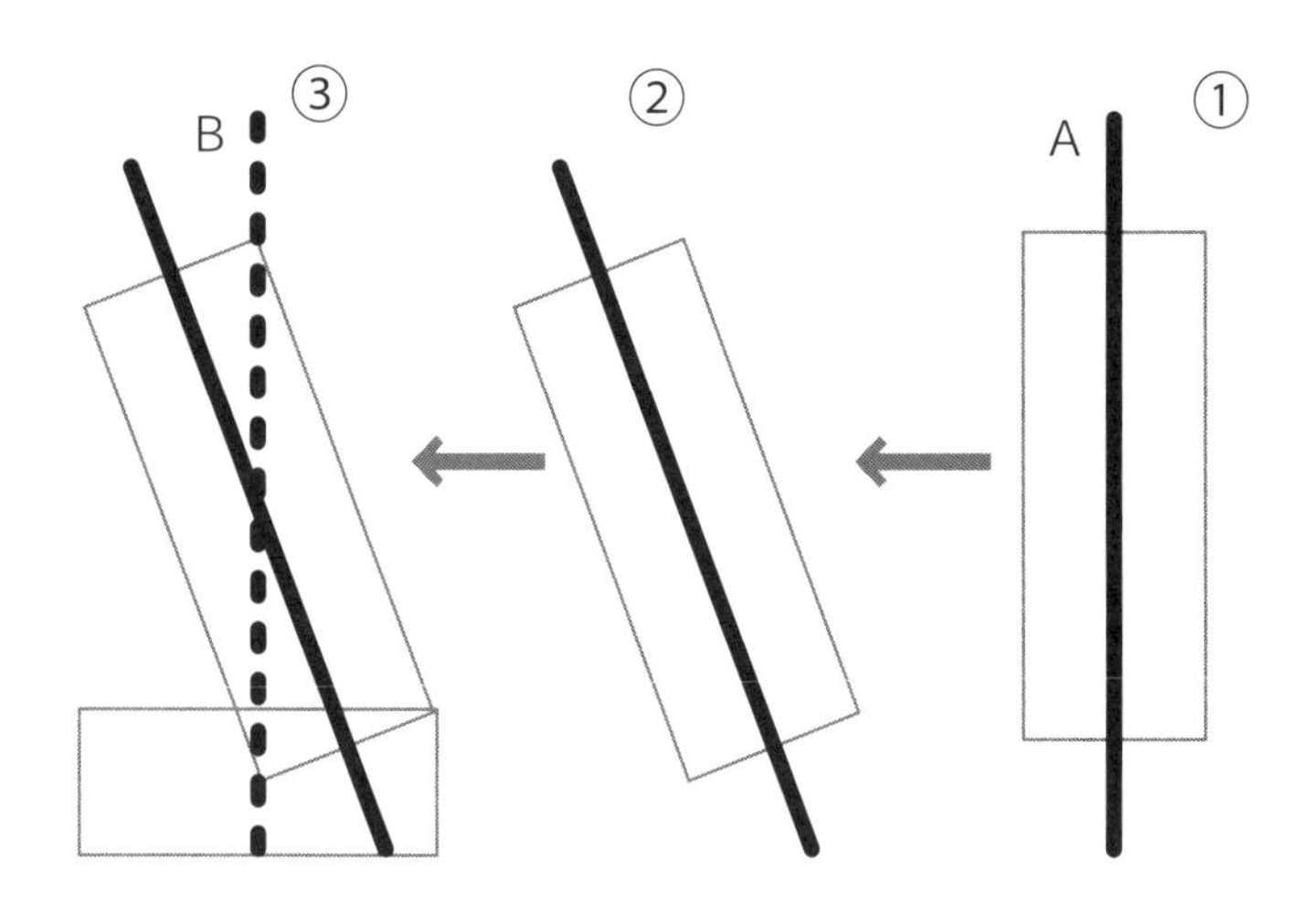

モノの輪郭を消す

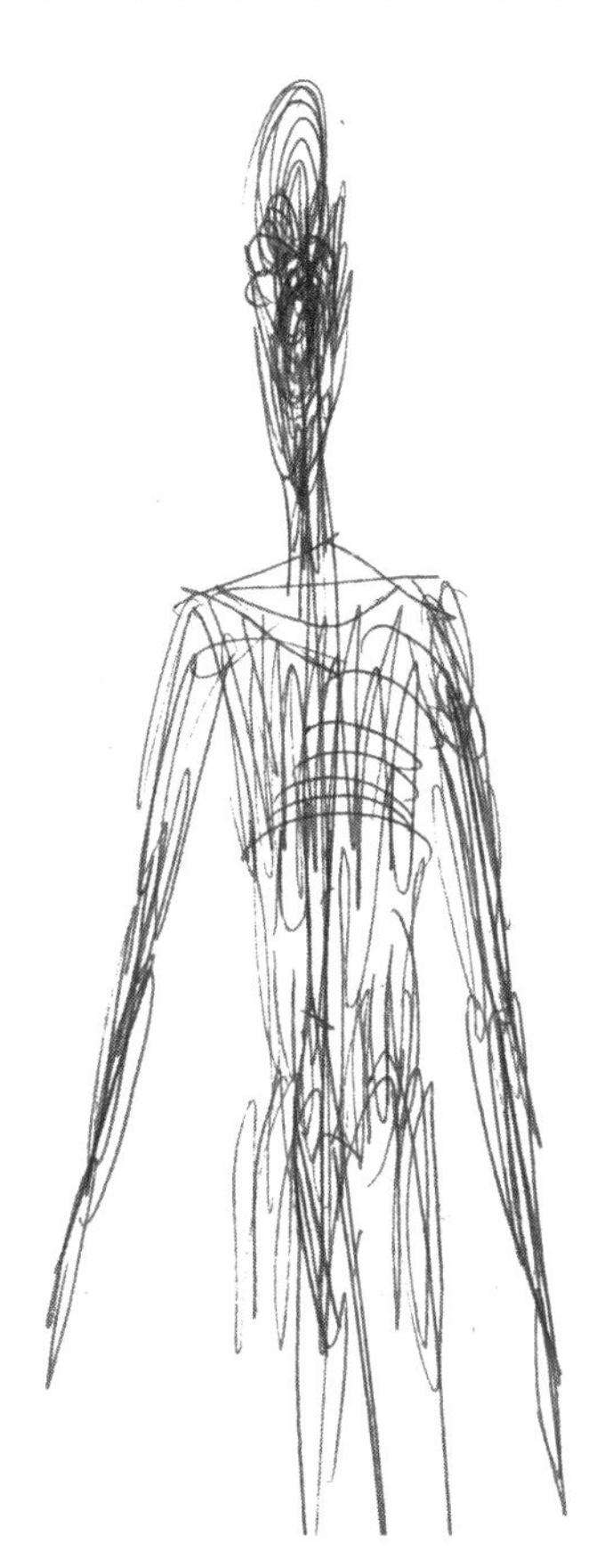

※池田氏本人の直筆画。

「輪郭なんて本当は関係ないんです。例えば『モノの側面は自分に近い位置から左右に分かれて、カーブを描きつつ向こうの方へ回り込み、途中から見えなくなってゆく』これが、まず自分に一番近いところを意識して見た時の認識です。そういう見方をすると、今まで気づかなかった様々なものが観えてくる。これは陰影ではないんです。陰影は見る角度によって実体とは違って見えてしまう。もっと感覚的な、手で触るような感じ方なのです」（池田氏）

ですよ。だから私は、東洋の、特に日本独特の絵画論は非常に彫刻的だといつも言っているんです。

例えば彫刻では、「見たところがすべて正面になる」わけです。

私の彫刻はまさに中心軸の集まりですから、どこから見ても「正面」なんです。ですから四方八方から見ると、空間（モノがない部分）によっていろいろな形が見えてくるんです。武道の演武大会でも四方八方から見られるでしょう？　あんな厳しい場はないですよ。だから本当の演武には、空間に緊張感がある。「（空間が）生きている」ということですね。あらゆる角度から見られることを意識できるということは、つまり隙がないということです。

この中心軸を考えないで造られた彫刻は、「顔が向いているほうが正面だ」と作者が思って造っていることが多いんですよね。だから、背中を見ると力が抜けている。ただし仏像は平面的で、伝統的に顔が向いているところを正面として見られることを前提に作られているものが多いですね。でも、他の仏像とは違って奥行きがあるのが円空さんの彫刻です。これは、元となる木材の角という、自然な凹凸を活かした造り方をしているからです。

4 その空間に表れる〝動き〟

こういう見方は最初は意識しないとできないかもしれないですね。学校教育の中で、長年に渡って西洋の遠近法を身につけさせられていますからね。一度、それを忘れないと、こういう風には見られないかもしれない。だけど空間を正しく観て感じる方法は、まさにこれなんですよ。宮本武蔵先生もこの違いを「見(けん)の目・観(かん)の目」といって表現していますね。

武道の場合は三次元的な空間のみではなく、さらに時間を掌握しなければいけないから、そこに四次元の問題が絡んできます。相手が斬りかかってくる場で、0コンマ何秒か先を予測して勝負をかけるわけですからね。

昔、小野派一刀流の礼楽堂で、ある方へ指導していた宇津木輝勝先生が「そこで振ったんでは間に合わないから、こっちを打て」といった指導をされたのですが、その方は「先生、誰もいないところを打つんですか」と文句をいう。それを隣で聞いていた宮内一先生も「向こうを鹿が走っているとするだろう。それを弓で射るときに、今、鹿がいるところを狙ったって当たるわけがないじゃないか」と、さらに説明したのですが、なかなか伝わらなかった。仮に理屈では理解できても、本当に身についていなければ結果に結びつかないわけです。

この予測する能力で相手を捉えるという意味では、武道も彫刻も同じです。

私の彫刻は具象だけれど、そこに動きがあると言われるのは、この「時間」を掌握しているから

時空を捉える「動きの表現」

動かない彫刻でありながら、動きを感じさせる池田氏の作品。
その理由を氏は振り子運動によって解説された。

振り子運動を仮に①～⑤のコマに分けた場合、根本部分を①として順に錘の部分までを、一つの場面（彫刻）に振り分けて表現する。すると、実際にはあり得ない形でありながら、そこに自然な「動き」が現出される。前ページ写真は、風に向かって歩く人を表現した池田氏の作品だが、動かない彫刻の脇で風が渦を巻いていることが見てとれるだろう。また、113ページの上の写真に別角度から見たところが写っているが（画面右下）、また違った趣が見えてくるから不思議だ。

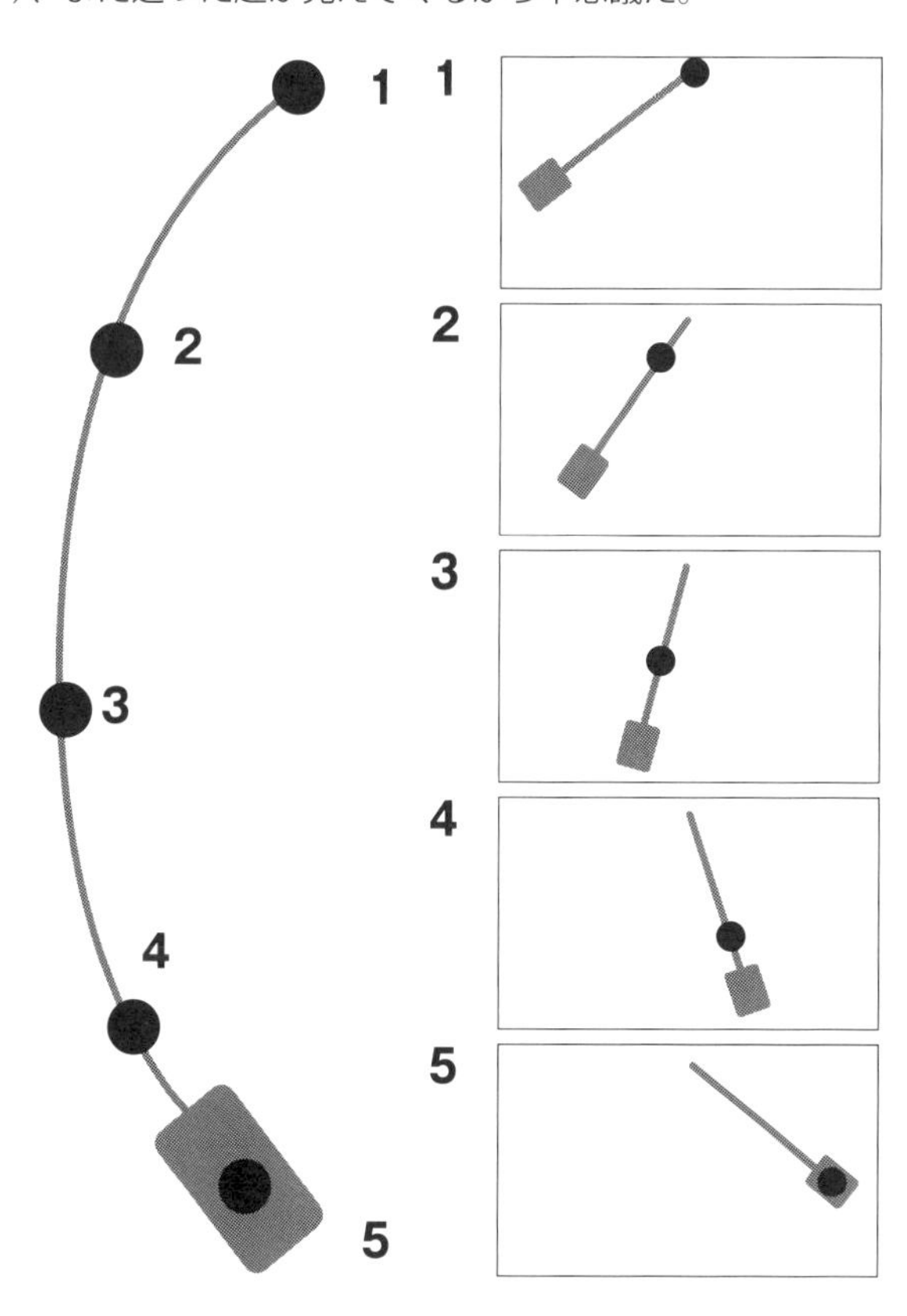

なんです。なぜ、そんなことができるかというと、そこで「ウソをつく」からなんです。要するに、ひとつの動作があるとして、それを瞬間ごとにコマ割りにしたとしますね。その一つひとつを見ても動きは感じませんが、そのコマのいくつかを組み合わせて一つにしてしまうんです。そうすると、実際にはあり得ない形であるはずなのに、自然で動きのあるモノができるんです。だから私の彫刻は、実際に動いているわけではないのに、微妙に「動いている」んですよ。武道をやっている人は、無意識に時間の経過を私のように捉えているはずです。

〝それ〟が「観える」人と、そうでない人とが立ち合ったら、それはもう、どうしようもないですよね(笑)。「若い人が、おじいさん先生にどうしても打ち込まれてしまう」というのは、この差だろうと思います。

鍛錬して観えるようになるわけですが、しかし観えることが目的ではないわけです。それをどのように表現し、技に活かすかということが本質です。だからこそ「基本」を徹底的にやるより他にないんです。基本の訓練をたくさん積んだ人ほど、この「観る目」が身についていますね。基本をあくまでも正しく、真面目に長いことやっていたら、この「感じる眼」を得ることができるようになると思いますよ。基本とは、それを身につけるための大事な方法論であり、入り口です。だから自己流ではダメなんですよ。特に伝統的なモノには何百年という時間が積み重なった結果、「この修行をするといい」という、人類の一つの知恵がそこにはあるわけですから。

近道なんかない。専門家であろうと思うなら尚更です。そうすれば、今まで見えなかったモノが、あるときパッと見えるようになるはずですよ。

※本章の内容については、記事制作時、小野派一刀流剣術宗家・笹森建美師範に監修をいただきました。御礼申し上げるとともに、御冥福をお祈り申し上げます。

第3部

〝徒手の眼〟編

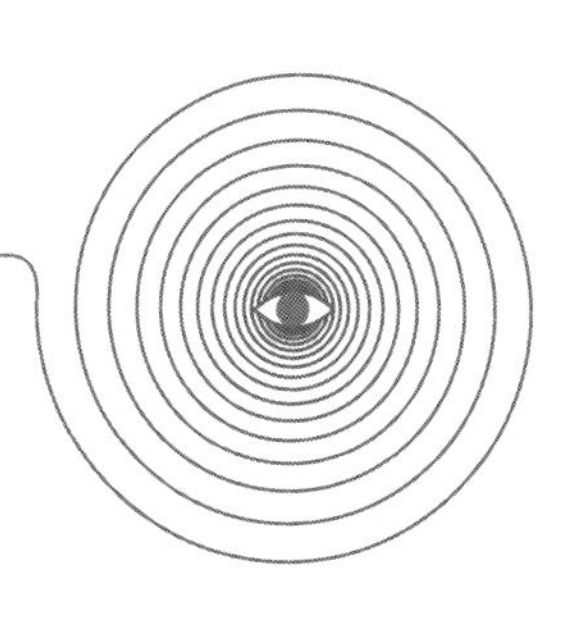

第7章

〝目を動かさず八方を見よ〟 宗道臣伝、目付の極意「八方目」

一般財団法人少林寺拳法連盟

取材・文◉『月刊秘伝』編集部

〝周辺視野〟の大事

少林寺拳法の宗道臣開祖は、車の運転をしなかったため、助手席に乗る事が多かったという。古参拳士によれば、ある時開祖は走る車内で助手席から正面を見据えたまま「あの屋根の傾斜はいいいな」と言ったという。咄嗟にその古参拳士がキョロキョロと見回して探しだすと、「バカもん、お前はまだ〝八方目〟ができとらんのか」と一喝したという。

開祖がここで口にした〝八方目〟とは目付そのものの事だ。

開祖は目付について具体的に次のように語っている。

「八方目と云うのは、目配りのことである。（中略）古語に『目は百陽の会する所、心動けば心気目にうつる。目動けば亦心も動くなり』と云われているように、目の動きは直ちに意のあるところを人に示すので、拳法では目を動かさずして、八方を見ることを平常から修練するのである」

（『少林寺拳法教範』より）

これはまさに〝観の目〟とも合致する。

この〝八方目〟について、井上弘（ひろむ）東京事務所長（現在　一般財団法人少林寺拳法連盟理事）にお話をうかがった。

「〝八方目〟というのは、具体的に言えば『周辺視野』を強く使うやり方と思います。視覚にはごく小さな範囲の『中心視野』と、左右180度にも及ぶ『周辺視野』とがあるんですが、『中心視野』は色や形を認識するのに優れているので、〝見よう〟と意識するとこちらばかり用いがちなんですね。日常、人の表情を見たり文字を読んだりするのは大体『中心視野』を使っているはずです。でも、視野の隅に、何かわからないけど動くものをとらえて〝何だろう〟とよく見たら犬だった、なんて事がありますよね。この〝何だろう〟の時は『周辺視野』でとらえているんです。『周辺視野』は、

八方目

互いに伸ばし合うと拳が触れる程度の間合に向かい合って立ち、両手を横に広げる。視点は相手の首くらいに置きつつ全体を同時にとらえるようにする。一人が手先や足先を動かしたら、もう一人がそれを受けて真似をする。その際、手や足の動きにつられてそこへ視点を移してしまわない事。視点はあくまで相手の首のあたりに置いたまま動かさない。

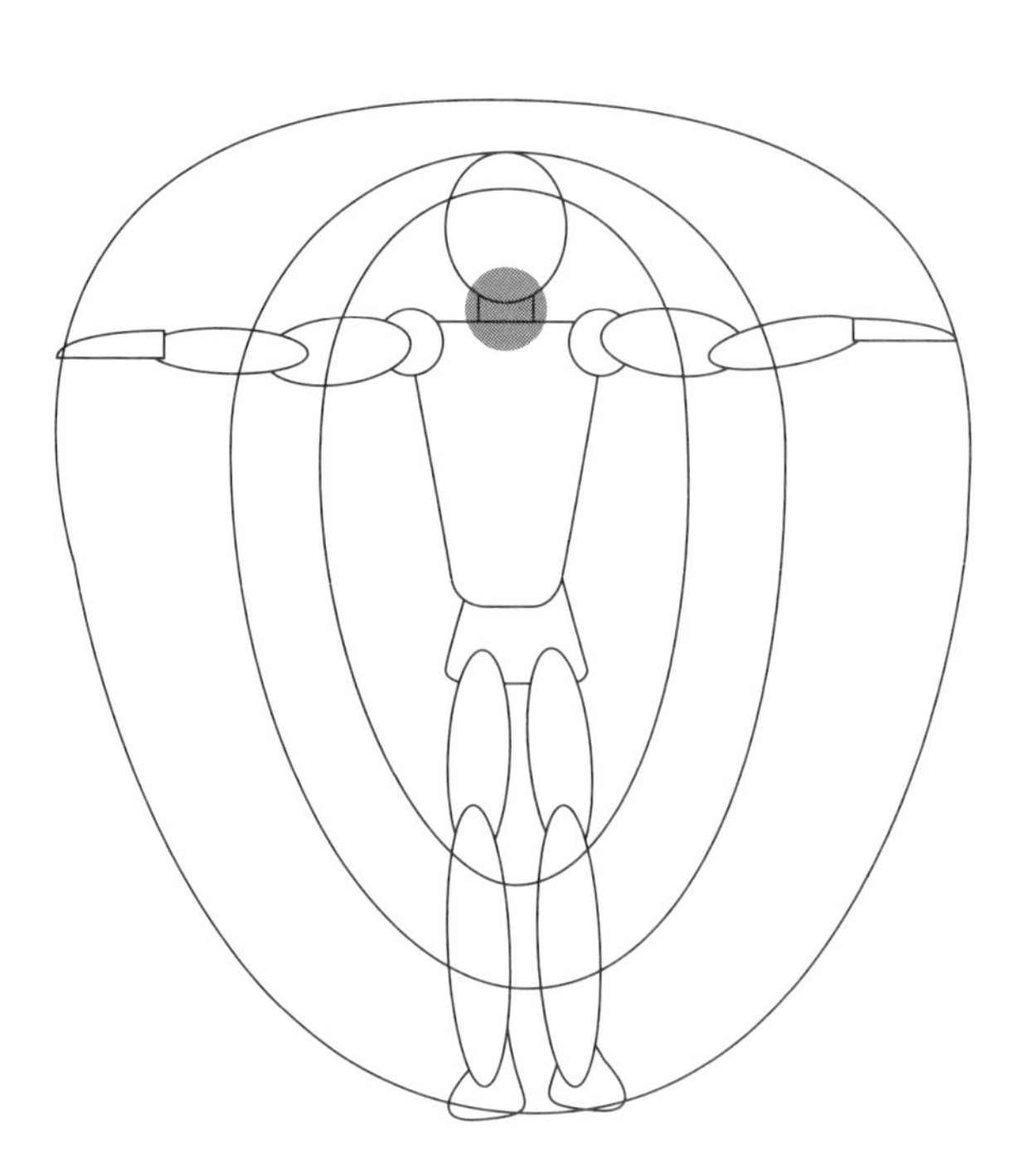

色や形を認識する能力は『中心視野』に劣りますが、動きをとらえる能力についてはむしろ優れているという特性があるんです。特に護身の場合は、多人数を相手にする事もあるので、正面にいる相手だけでなく四方八方幅広く全体を見なければいけません」

少林寺拳法には、その名もずばり「八方目」という目付の修練法がある。130〜131ページがその実際だ。向かい合って手先、足先だけを動かしてそれを認識し合う、というシンプルさに〝目から鱗〟だったが、やってみるともっと〝目から鱗〟だった。

まず、誰かと向かい合うと、自然に顔面を**見て**しまう。視点の置き所としては悪くないのだが、意識してそこを見てしまうと、手先、足先の動きがよくわからないのだ。目に映ってはいるような気もするのだが、わからない。そこでもっとグッと全体をとらえようとすると、わかり始める。この違いは誰でも簡単に体験できるので、ぜひ試してみて欲しい。

「中心視野で見ると〝意識〟してしまう。武術的に言えば、ああ来るかこう来るか、と考えてしまう事に繋がってくる。少林寺拳法は護身の技術です。守主攻従の考え方です。そのため、少林寺拳法で求める目付は、見るのではなく、向こうから**教えてくれる**、ような感じです。相手の手足が動くとしたら、それは〝向こうから攻撃サインを出してくれる〟ものと同じですから。それを、「あれが動くはずだ、これが動くはずだ」にしてしまっては駄目なんです。ここには〝無我〟があります。

「八方目」の確認プロセス

130〜131ページに掲げた「八方目」の基本修練を踏んだら、次に構えて向かい合い、“突きを出そうとする”“蹴りを出そうとする”わずかな動きを行って、それが察知できるかどうかを確認し合う。ここでもポイントは目を動かさない事。

心を無の状態にしなければならないんです」

「心を無の状態に〜」という井上所長の言葉も、それだけ切り取ると観念的で難しいが、これほど具体的だとスッと理解できるから不思議だ。独りよがりを捨てて、相手からの情報を余す事無くキャッチしようとすると、自然に、そうなる、気がする。

八方目でこう変わる！

「相手の手足の動きが、目をうごかさずにとらえられるようになってきたら、次に、構え合います。それで、突きや蹴りの動作を、誘いをかけるだけのつもりでちょっとだけ出すんです。その〝兆し〟みたいなものがとらえられるか、ですね」

武術で相対すると、どうしても攻撃を受けてしまう事への恐怖、それをなんとしても防ごうとする意識、が働いてしまう。すると、得てして動きかけたそれを意識的に見てしまいがちになる。

「突いてきたら、その突き自体を見ては駄目なんです。これは稽古で陥りがちな所なんですけど、法形（他武術で言う所の型稽古）だとやる事が決まってますから『逆突きが来るんだな』と思ったらその逆突きを中心視野で追ってしまいがちなんです。大事なのは相手からのサインを受け取って、

組手稽古で相手の蹴りを捌く時も〝八方目〟が必須。蹴り足自体に気をとられてそこを見てしまいがちになるが、それでは次の動きに繋がって行かない。視点は終始相手の顔付近に置いたまま。踏み込む足、蹴ってくる足、ともに同時にとらえてこそ、相手の蹴りがどの位置までくるかをはかる事ができるのだ。

そこから技へ繋げていく事。もう一つ陥りがちなのが、号令に合わせて動作を行う稽古。それだとサインが〝聴覚〟になってしまう。だから開祖はよく、単独の基本練習をやっていたら、いつまでやっているんだ！　すぐ相対にしなさいと仰っていた。声の号令だけで動くなと言っているんです。本当の意味で目を使ってサインを受け取って動くという練習を早くしなさいと。組手主体の練習を早くしなさい、という事です」

「組手主体」は二人一組の対人稽古を重視する少林寺拳法の基本指針。思えばここの原則には〝サインを受け取ってそれに反応して動く〟がそのままある。

「実際に対人でやってみるとわかりますけど、相手が間合を詰めたり広げたりしてきたら、それも相手の足運びを見るのでなく、目を動かさずに全体を〝八方目〟でとらえながらキャッチしなければならないんです。相手が踏み込みながら蹴ってくるなんていう場合、その踏み込んでくる足遣いに見入っても、蹴り足に見入っても駄目。〝八方目〟で全体を同時にとらえてて、かつ蹴りがどこまで届くか、目測出来なければいけないんです。それでこそ実戦で捌けるんですよ。高度になってくると、例えば相手の突き攻撃はノーモーションになってきますからね。それに対応するためには、〝肩の動き〟などではなく、〝前後の全体〟、前へ動くちょっとした挙動をとらえている必要があるんです。そこまでを求めているのが〝八方目〟ですね」

なるほど言われてみればその通り。武術では〝自分に向かってくる〟ような前後の動きの方がむしろ多いのかもしれない。そうすると、手掛かりとなる動きは、本当に微々たるものになってくる。

「八方目」にはその先、長い道のりがある。

「そうなんです。当たり前ですが、八方目だけできてもそれで強くなれる訳じゃない。まず大前提として、打ってこられても目を瞑らない事。八方目の練習をしているからといって、いざ突かれた瞬間に目をとじてしまったら、殴られてしまうだけです。目をとじないために、速い突きや蹴りに慣れる必要があります。この〝慣れる〟という事は大事で、慣れたら全体も見れるし、反応も出来るんです」

3 日常修練法

八方目を養う修練法としてはこれだけでなく、日常生活でいつでも行えるものであると言う。

「道を歩いて、誰かとすれ違いざまに、その人の方を凝視せずに、動きや服装を瞬間的にとらえるんです。あと、一瞬だけ見てすぐ目を瞑り、その状況を正確にとらえる、なんていう修練法もあります。おそらくこれは〝速読〟に似てるんじゃないですかね。一瞬にして多くの情報量をつかみとるのですから。これは、いわゆる〝動体視力〟にも繋がってるのではないかと思います。聞いた話ですが、イチロー選手は目を鍛えるために、まだ小学生のころだと思いますが、車に乗って対向車とすれ違うとき、ナンバーをパッと瞬時に見て、その数字を言えるようにしていた、これに似ています」

いまさら言うまでもない事だが、〝八方目〟とは、いわゆる視力を問題にしているのではない。光学的情報は、どんな人の目にも平等に流れ込んできてはいる。問題はそれを処理、認識出来るかどうかだ。ゆえに、たとえ一瞬の情報でも、処理能力さえ高まれば、認識出来るのだ。

宗道臣開祖は、その実戦的有効性からまず視覚情報の処理能力を上げる事の大事を説き、〝八方目〟という修練法を少林寺拳法に伝え遺した。視覚情報に特化する事により、つかみ所のない抽象論に陥りがちな「全体を観る」という命題に対し見事に具体的な指針を示しているという点で、非常に意義深いものだ。同時にこれは、先述のごとくこれが眼球自体よりも〝情報処理能力〟を問題にしている以上、視覚以外のさまざまな感覚情報の処理にも関わる非常に根本的な能力向上を果たすものになっているのではないだろうか。当然の事ながら、実戦における手掛かりは視覚情報だけではないのだ。

開祖にはこんな逸話も遺されている。

講演中、それを録音しているレコーダーがテープ切れを起こした事を、自身が講演の最中であるにもかかわらず、誰よりも早く指摘した。そういう事が度々あったというのだ。開祖は何をもってそれを察知していたのだろうか？

第8章

■世界武道空手連盟柳川道場

実践！・感性トレーニング 〝観の目〟を鍛えよ！

柳川昌弘

取材・文◉本誌編集部

① 見える動き、見えない動き

自分の攻撃、操作が相手に遮(さえぎ)られる事なく届く。これは「理想」であり、無論簡単ではない。だからこそ、この命題はすべての武術に共通するテーマと言えるのではないだろうか。

スポーツ的なものも含め、多くの格闘術は「スピード」をもってこれを克服しようとする。あるいは、巧妙なコンビネーション、フェイント……。挙げるほどに、先の共通命題が違った形で浮かび上がってくる。

「相手にとって自分の動きが見えない状態を作り出す」

これがすべての武術が共通して目指す境地なのだ。

傍で見ている分にはさほどでもないが、いざ受ける立場となると途端に「見えなくなる」技が存在する。柳川昌弘師範の「突き」を例に挙げてみよう。

次ページの写真は、自分の正中線と相手の正中線を結んだ面（正中面）上を貫く正拳突きだ。相手と自分との中心を正確にとらえて突く事によって、予兆が顕(あらわ)れぬままにあたかも突然目前に拳が出現したように感じる。相対的に柳川師範の身体はその拳にすっぽりと隠れるような格好となる。

柳川 昌弘

Yanagawa Masahiro

1939年12月9日生まれ。1958年、東京理科大学入学と同時に和道会に入門。1967年より全日本空手道連盟和道会柳川道場を主宰。海外武者修行も行なう。1970年、防衛庁にて藤平光一の神技を見て、自らの空手家としての志を決める。同年、和道会大塚博紀初代宗家の元で修行後、最上荷山大荒行入行、僧籍に入る。現在は、日本伝二聖二天流柔術憲法を創設。

全世界武道空手連合主宰。

著書：『空手の理』（福昌堂）、『武道的感性の高め方』『武道家のこたえ』『見えない空手の使い方』『宮本武蔵の本当の戦い方』（BABジャパン）ほか。

DVD：『伝授！ 武道空手（全2巻）』（BABジャパン）ほか

世界武道空手連盟 柳川道場
〒167-0052　東京都杉並区南荻窪4-7-19
TEL 03-3333-1914

正中面上を走る突き

自分の正中線と相手の正中線をつなぐ面状エリアが正中面。正中面上を正確にたどる突きは視覚上非常に見えにくく、あたかも突然目前に拳が現れたように感じる。この技法に至った過程には、数多くの大きな相手との組手が重要だったと柳川師は語る。リーチのある相手のふところに飛び込んでインファイトに持ち込むために、いかに自分の動きを見せずに踏み込むか。その解答が、正中面をたどる動きだったのだ。〝線〟化によって隠された動き、身体は最終的に拳一つの背後に収まるような格好となる。

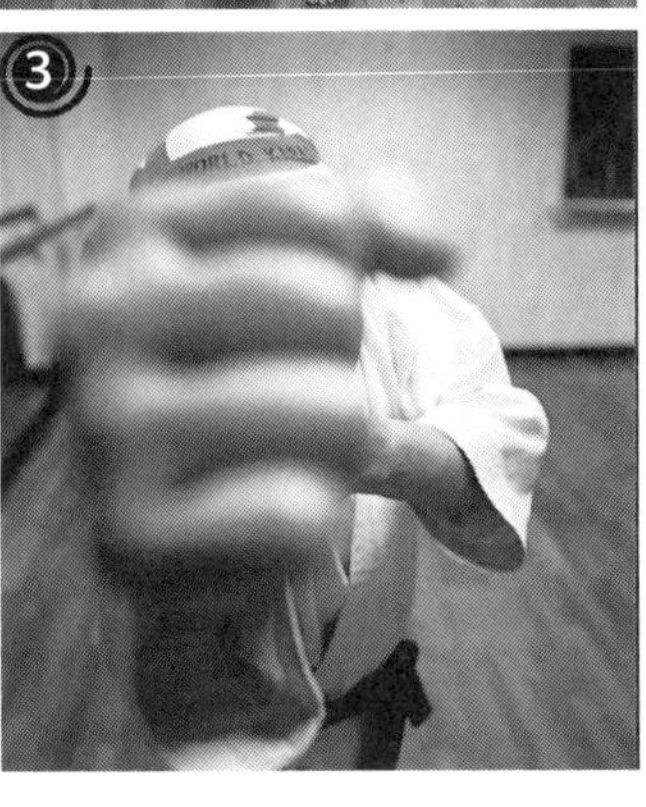

ハンマー・パンチ

拳の位置が変わらないまま、まず身体全体が突っ込んでくる。そして縦～前後方向にゆるやかな弧を描く軌道で拳が突き込まれてくる、いわば縦方向のフックだ。振り子状の作用によって強力な破壊力を生むフックは通常、視覚上とらえられる動きが最も大きく認識しやすいのだが、この軌道だと非常に見えにくくなる

目は横に並んでいるせいもあり、横方向の変化はとらえやすいが逆に縦方向の変化への対応は不得意だ。そして、まっすぐに自分へ向かってくる前後方向の動きはさらにとらえにくくなる。ここでの突き二例はこの性質を利したものだ。平坦な感覚で目に映った映像を二次元的にとらえるほど、この動きは見えなくなる。

もう一つの例は「ハンマー・パンチ」と称される、縦方向の円弧軌道で打ち付けられる正拳突きだ。いわば縦方向のフックとも言えるこの攻撃は、まず拳位置はそのままに半身に大きく踏み込んだ上、縦方向の円弧軌道を通る事によって肩〜腕部が見えない状態が維持されつつ、視覚上、拳が「点」の状態のまま、いきなり打ち込まれる。こちらも突きの動向が見えず、相手は突然拳が迫ってきたように感じる。

どちらも動作が「見えない」のだ。これらは視覚の特性を巧みに利した技法の例だ。実は我々は、視覚によって「そのものを正確に」はとらえきれていない。ゆえにこのような錯覚が起こるのだ。視覚として事物を平坦にとらえる癖がつくと、眼球の周辺筋が硬化を起こす。硬化は「見えなく」なるばかりか、「動き」の硬化を引き起こす。眼は開いてさえいれば働いていると考えるのは大間違い。脳とのつながり、伝達・作用システムがうまく機能していなければ「動けない」し、人体トータルとして、想像を上回る機能阻害が生じている。

「見ているようで見えていない」

武術の世界ではこれは最悪だ。では、どうすべきなのか?

ところで、柳川師範は強度の弱視(0・001が見えないレベルという)により、視覚が著しく制限されてい

目の付けやうは、大きに広く付くる目也。観見二つの事、観の目つよく、見の目よはく、遠き所を近く見、ちかき所を遠く見る事、兵法の専也。敵の太刀をしり、聊かも敵の太刀を見ずといふ事、兵法の大事也。工夫有るべし。此目付、ちいさき兵法にも、大きなる兵法にも、同じ事也。目の玉うごかずして、両わきを見る事肝要也。かやうの事、いそがしき時、俄にはわきまへがたし。此書付を覚へ、常住此目付になりて、何事にも目付のかわらざる所、能々吟味あるべきもの也。
（五輪書　水之巻「兵法の目付といふ事」）

る。しかし、そのような事は微塵も感じさせない。

「眼がよく見えない事によって、日常で事故にあった事は一度もないんです。例えば自転車に乗って十字路を通過する時、私は左右に顔を向けたりしないんです。真っ直ぐのままです。眼で見る事をあきらめた時、別な方法で知覚せざるを得なくなりました。それは耳であったり、鼻であったり、あらゆる感覚器官を研ぎ澄ませば、物事が総合的に、かつ精査にとらえられるようになってきます。それが〝観の目〟なんです」

宮本武蔵の「五輪書」には、「観の

目つよく、見の目よはく……」と説かれている。つまり、敵の表面的な動き、局所的な動きに惑わされず、大局をつかむ事が大切、という事だ。

「観の目ができていれば、ああいう突き（先述の突き二例）も喰らわなくなりますよ」

これらの突きは、「見の目」に偏向した多くの者に「観の目」をもって対峙した柳川師範ならではの自然発生的技法だったのである。

「観の目とは感性のはたらきです。見の目はいわば理性のはたらきで、まず頼りにするのではなく最終確認的に用いるべきものです。〝目に映ってさえいれば見えている〟と思い込んでいる状態から脱却するには、感性をトレーニングする事ですね」

〝観の目〟を養うにはどうすればよいか。以下、柳川道場にて実践されている稽古法を具体的にご紹介してみよう。

1 ノイズの除去

■視覚をシャットアウトする

動きがブレるのは視覚にだけ依存しているからとも言える。そこで例えば、目を瞑って、巻藁に

視覚をシャットアウトする

目を瞑って自分自身の身体に意識を傾ける。目を瞑ったまま動いてみると、目を開けて行った時とはかなり感覚が違ってくるはずだ。巻藁に点を打ってそこを撃ち続ける稽古ではまた違った発見がある。

記した「点」を何回も突く稽古を行う。点に自分の拳を視覚的に合わせていく感覚だといつまで経っても安定しないが、視覚情報を捨てる事によって観の目が養われてくると、目を瞑っていても正確に一点を突き続けられるようになっていく。それは、視覚によって自分の身体を微調整していくのではなく、別の感覚をもってコントロールできるようになった結果に他ならない。

「そもそも空手は〝点〟を突くものなんですよ。だから、突いてきた相手の拳自体に突きを入れるとか、蹴ってきた脛に正確に当てるような〝防御即攻撃〟のような技法が成立する。これは稽古でやると

〝点〟を突く

突いてきた相手の拳そのものに照準を合わせて当てる。あるいは蹴り脚の脛部に当てる。もはや攻撃でもある、最も能動的防御の一つだ。これは〝点〟をとらえられるか否かにかかっている。視覚に頼っているうちは動く相手の手足上の点になど合わせられるはずがない。

空を突かされ、まるで待ち受けていたかのような柳川師のカウンターが脇腹に決まる。これは高度な意識誘導により相手の動きを徐々に限定していき攻撃を誘発してやる事によって起こる現象だ。これはスピードによって成立している技法ではない。視覚情報に頼り切っているほど陥りやすいトラップだ。

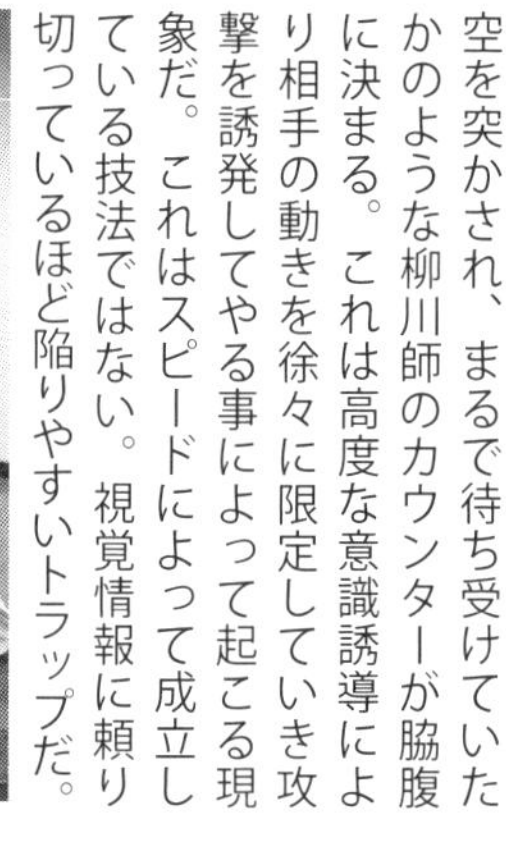

息を止める

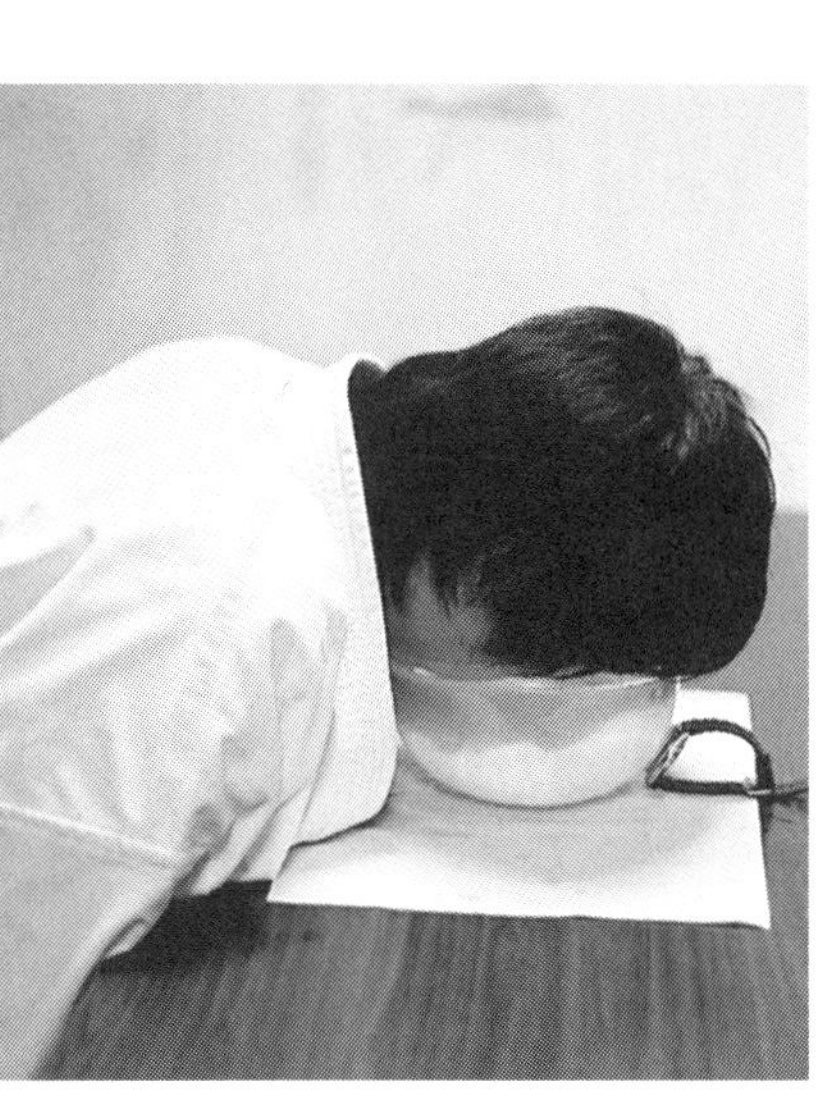

呼吸はそれ自体が〝揺らぎ〟であり、感性を研ぎ澄ますためには障害となる。波を抑え、あたかも鏡のような水面とする事が理想。まずは息を止める事。息を止める行為はどこでも可能だが、出来れば水を張った洗面器に顔を付ける方法でやってみるとよい

嫌がられますけどね。一発で戦意喪失です」

■呼吸鍛錬

自呼吸の波自体が、感性を鋭敏にするには邪魔となる。また、一杯に吸い込んだ瞬間に食らう攻撃は大きなダメージとなる。呼吸はいわばムラでありノイズなのだ。よって「ない」事を理想とする。鍛錬の方向性としては「大波」から「鏡のような水面」へ化してゆく。熟達してくると、極めて小さな呼気を永続的に続けているような呼吸ができるようになる。

「鍛錬の初段階は 息を止める 事です。呼吸停止時間をだんだんと長くしてゆく。最初は必死になってしまうでしょうが、次第に「リラックス」「無心」がかなうようになってきます。やってみると感覚

顔に当て合う

平常心とは、外部刺激に揺るがない事。顔面への打撃は大きな動揺を生むもの。軽めに当てるやり方を繰り返してやり、平静を装う〝演技〟をする。最初から平静でいられるはずがないのだから、〝演技〟でよいのだ。その中から「動揺」が無意味である事を学んでいくのだ。

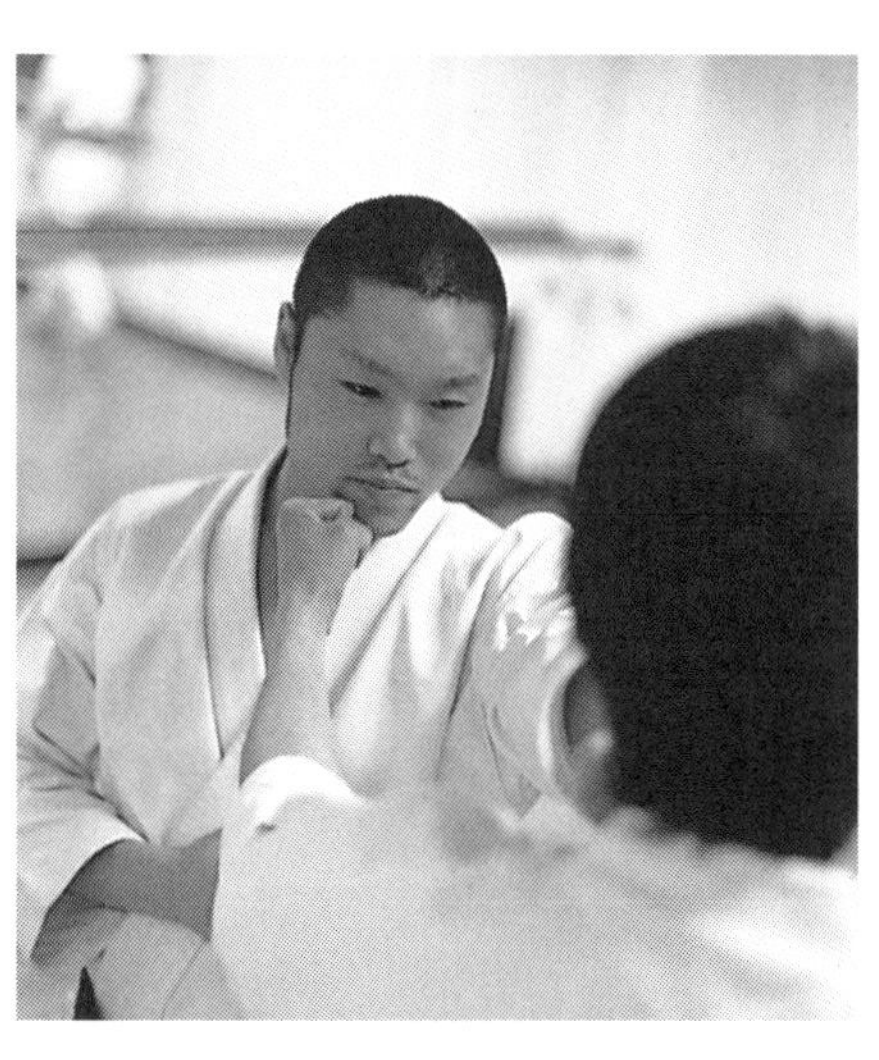

が鋭敏になっていくのがわかると思いますよ」

■平常心

平常心というのは、表面的な事象に揺らがない、という事。〝何があっても動じない〟のが理想だが、そんなに簡単な話ではない。ここでは非常に実際的な訓練法をご紹介いただいた。

「組手で、多少顔に当て合うんです。人間は顔に打撃を入れられると動揺するものです。それでも動じないためには、最初は演技をする。多少の事があっても動揺していないフリをする。そうやっているうちに養われてくるんです」

‖ 眠った感覚を呼び起こす

聴覚を研ぎ澄ます

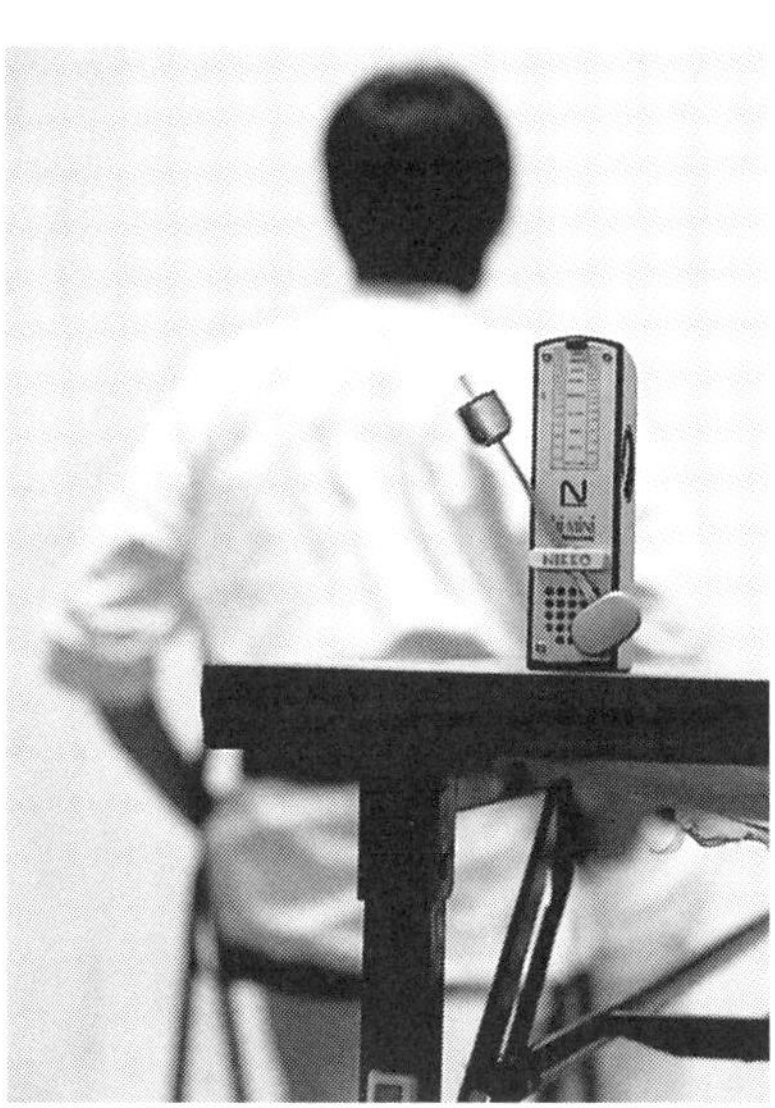

メトロノームの規則的な音に意識を集中させる。徐々に距離を離したり、覆いをしたりと聴こえにくい状況を作っていく。やっていくうちに、思いの外聞き取れるようになる。それは今までが、「耳に入ってはいるが認識しない」耳の使い方をしていた証拠なのだ。

耳栓をして組手を行う

耳栓をして組手稽古を行ってみる。これは、聴覚認識のための逆説的な稽古だ。すなわち、耳をふさぐ事によって想像以上にやりにくくなる事を実感する。音をもって相手をとらえようとする事は、実は微かながら誰でも当たり前にやっている。

■聴覚を鍛える

耳は一般に思われている以上に可能性を秘めている。視覚よりも圧倒的な広範囲を認識できる感覚器官だ。

ご紹介いただいたのはメトロノームを用いる稽古。規則的な音に意識を集中させ、徐々に距離を離して行く。すると、予想以上に遠くまで認識できる事がわかる。普段いかに感覚が鈍っていたかが実感できるはずだ。

「例えば、後ろから敵が襲いかかってくるなんていう場合でも、必ず踏み出しの足の音や、衣擦れの音等と何らかの音が必ずするんです。耳を澄ましていれば必ず察知できるんですが、視覚に頼っているとどうしても耳が働かない」

Ⅲ　気配が読めるか？（〝感性〟の総合的稼働による）

■背後から襲いかかる敵を捌く

目を閉じて座っている所へ2人が近づいてくる所を察知する。

「人が襲いかかってくる、なんていうのは先に挙げましたように〝見た目〟だけじゃなく〝音〟の要

背後からの攻撃を察知する

背後から近づく者を認識する稽古。距離、人数、何をしようとしているかをできる限り正確にはかっていく。打撃は、最初は避けられなくともよい。まずは音、そしてその他の感覚へと拡げながら情報知覚に集中する事が感性を高める稽古となる。

背後から突こうとした瞬間、柳川師は振り返ってその手を抑えた。「微かな音に反応する」くらいのタイミングではとても間に合わない。これはあくまで「突こうとした」瞬間であって、この時起こっているのは意識だけ。動作は何も始まっていない瞬間をとらえているのだ。視覚だけでも聴覚だけでもない、あらゆる感性を研ぎ澄ませた末の総合的な到達点といえるだろう。このレベルまでいくともはや神業に見えるが、これが武術の目指すレベルなのだ。

人間の感覚はそれぞれの特性、方向性を持っている。視覚は、原理上 180 度範囲に及ぶとは言われているが、実際には極めて狭窄的に用いてしまっている事が多い。また聴覚は視覚よりは広範に及ぶが形態上と意識指向性の理由から、誰もが前方の音の方がとらえやすい。360 度まんべんなく巡らせるには訓練が必要だろう。必要なのは器官そのものの能力向上ではなく、その用い方であり、脳との連繫性こそが重要なのだ。ここでご紹介した " 感性トレーニング " はどれも運用性を高めるものであり、高められた感性は全方向へ鋭敏に巡るようになる。フルに発揮される各感覚が総合的に全方向性感覚を生み出すのだ。物事の本質をとらえるためには常にこの全方向性を備えた鋭敏な感覚が必要となる。そしてこれこそが " 観の目 " であり、反応性のみならず自身の稼働性をも向上させていく原動力そのものなのだ。

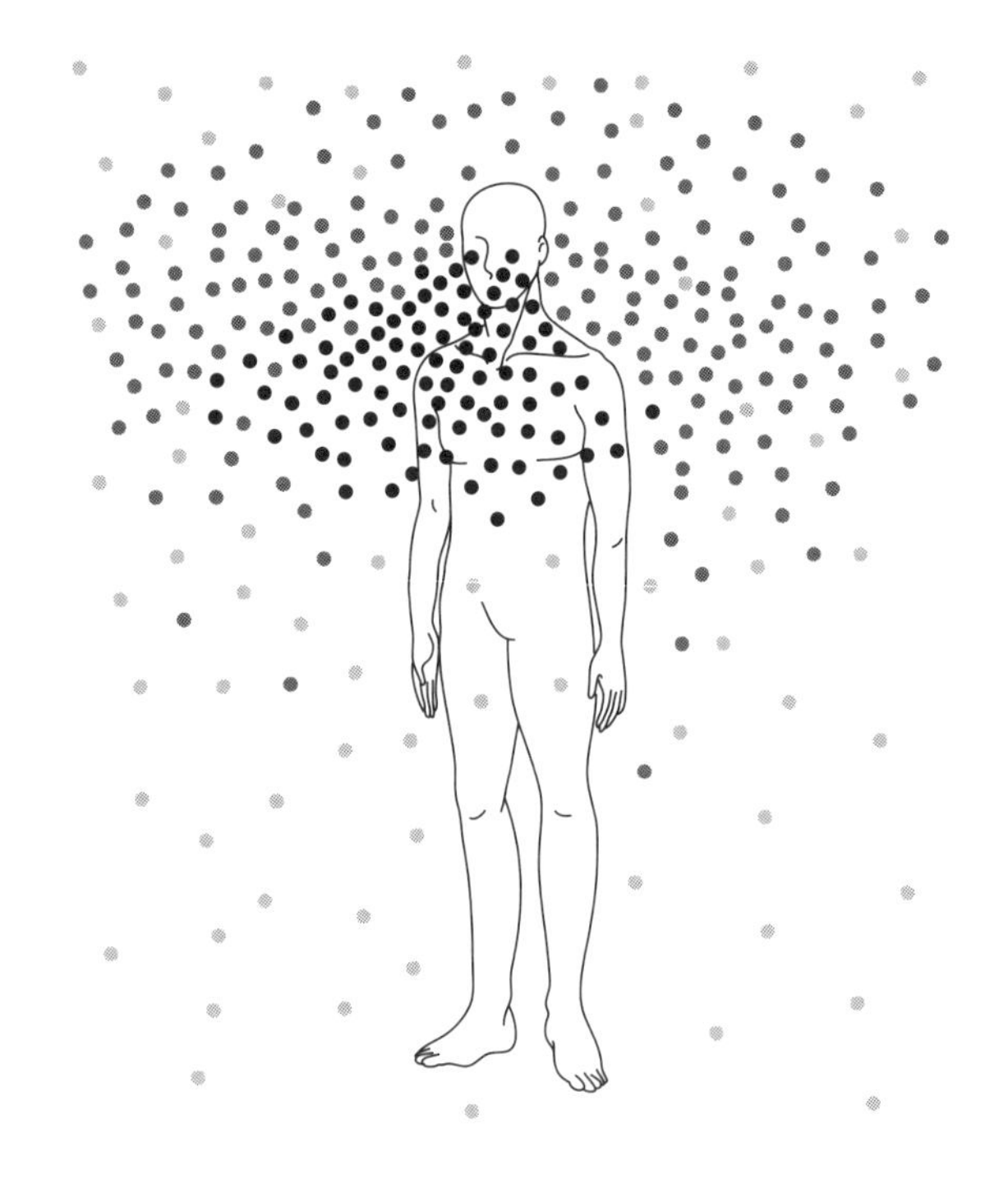

素もある。微かながら〝匂い〟の情報だって実はあるし、あらゆる感覚をはたらかせれば察知能力が格段に違ってきます。武術に必要なのはこのレベルです。もちろん日常生活も変わってきますね。別に達人達人ともてはやすような特殊能力じゃない。誰だって高めていけばできるんです」

柳川師によれば、観の目は、単に感覚器官だけの話ではないという。

「〝価値観〟や総合的な〝考え方〟にも関わる話です。例えば、詐欺にあってしまうのは突きを喰らうのと一緒ですよ」

視覚にハンディを持つ柳川師範への「目」をテーマとした取材は、一見逆説的のように見えるかもしれない。だが、師の武術・在り様は目をテーマとされているように感じざるを得ないのだ。目が不自由故に見えるようになる。皮肉なようだが、こういった例は、実は数多い。いずれにせよ、「見ているようで見えていない」自分には早く気づくべきなのだろう。

我々は、使えていない目に頼り、結果として思うように動けなくなっている。それればかりか、あらゆる感覚が錆び付きかけているのかもしれない。武蔵が求めた〝観の目〟は、今、我々の胸に警鐘として轟いている。

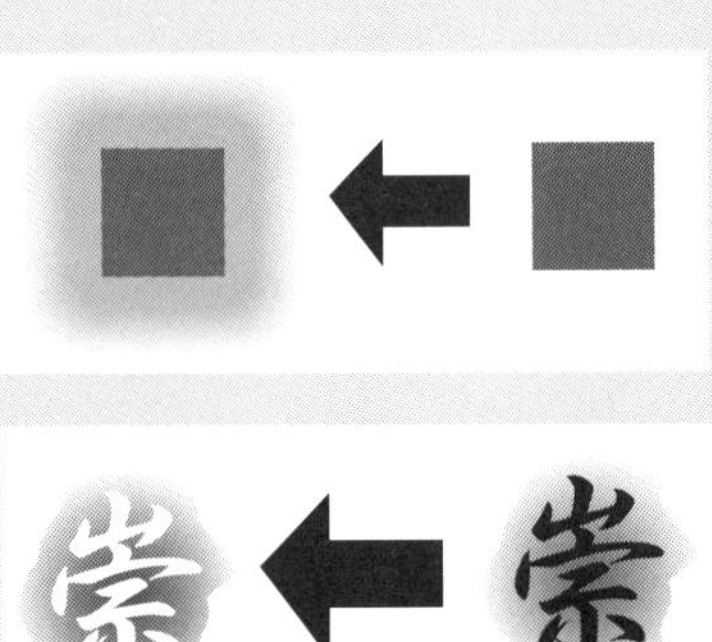

※上掲の画像はあくまでイメージです

〝ものの見方〟と上達のメカニズム

日常いつでもできるトレーニングを一つご紹介いただいた。もっともこれはあらゆるトレーニングの基礎となる〝ものの見方（＝目の使い方）〟を養うものだ。

「白紙の上に色紙を載せます。それを〝何となく〟眺めます。決して凝視してはいけません。かといっていい加減に眺めるだけでも駄目。あくまでも直接的には見つめずに、それでいてその図形全体を認識しようという意識を高めていきます。すると、その図形色の〝補色〟※注1が周囲にぼんやりと浮かんできます。馴れてくるとこの〝補色〟はだんだん大きくなってきます。この感覚がいわば〝観の目〟的な見方なんです。凝視してしまうとこれは決して見えてきません」※注2

あるものの存在認識が明確になればなるほど、その対照認識も相対的に顕在化してくる。それがいわば補色の表出現象なのだ。

これは例えば、書道上達のメカニズムにそのまま応

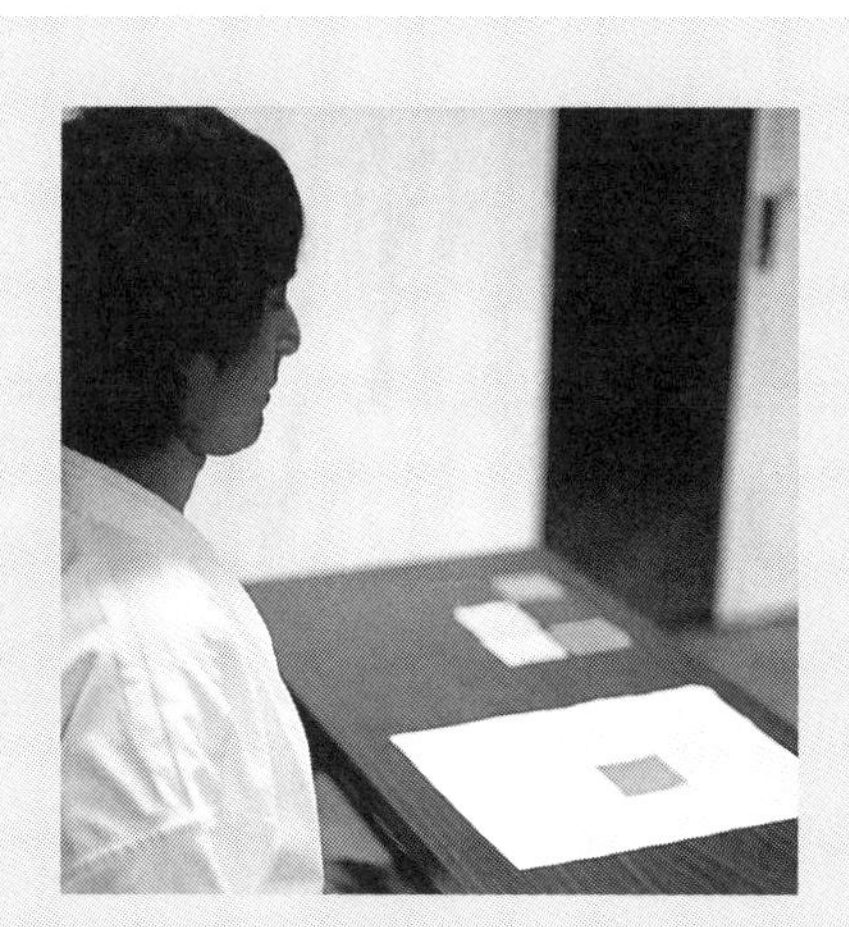

用できるのだという。
先生のお手本を見る。しっかりと〝観る〟。すると文字の周りに〝補色〟が感じられるようになる※注3。それを自分が書く紙の上に投射し、なぞるのだ。もし〝手本〟の上をなぞって書けるのならば、誰もがうまい字が書けるだろうが、実際それはかなわない。そんな時に誰もが頼ろうとするのが〝記憶〟だ。とはいえすべてを正確に（形状的に）記憶する事は難しい。よって、ポイント（〝はね〟とか〝はらい〟等、自分がうまくないと思う要所）にしぼって記憶しようとするものの、そういった局所的な感覚をもって書いても「上手」な字とはならないのだ。もちろん「全体のバランス」を保ちさえすれば〝はね〟とか〝はらい〟などどうでも良い、という訳でもない。〝すべて〟を総合的にとらえなければならないのだ。
文字に「正解」は一つではない。文字上達とは「形状記憶」ではなく、文字の存在（書き手の意志）そのものをトータル的にとらえるようになるためのプロセスに他ならないのだ。
　これを武術でいう「型」に置き換えてもわかりやすいだろう。先生の動きを見て覚える。とりあえず「ここではこういう格好にする」という事を断片的に覚えていこうとするが、それをいくら重ねても結果として本来の「型」とはならない。動き全体、型全体をトータル的にとらえられなければ、決してその型を理解できた事にならないのだ。理解できていない型など実践できる訳がない。もちろんこの「理解」とは「手順を覚える事」ではない。要所のポーズよりも過程を重視する傾向は中国武術の教伝において顕著だが、もちろんどんな武術でも変わらない。点と点をつないで線とするのではなく、無数の点の連続体をもって線となすのだ。

　一口に「全体をとらえよ」と言われても、実際にどうすればよいかは、なかなかすぐには見つからないだろう。その感覚を得るために、このトレーニングは良い指標となると思う。

※注1　補色とは〝色相環〟という波長順配置の色彩サークルにおいて正反対に位置する2色。
　コントラストが最も強く、互いを鮮やかに際立たせる関係にある。

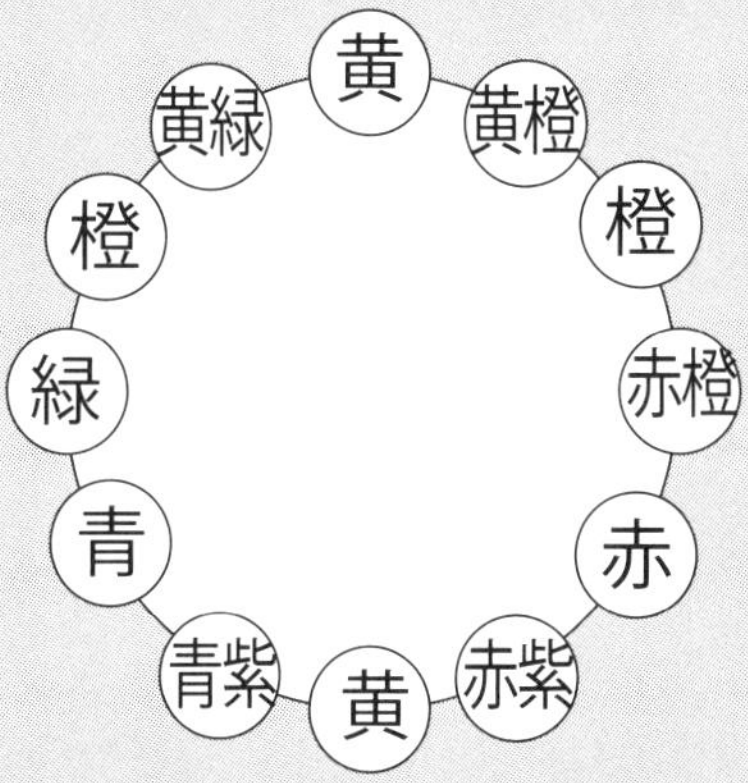

黄　黄橙　橙　赤橙　赤　赤紫　黄　青紫　青　緑　橙　黄緑

色相環

※注2　補色残像現象

赤色の図形を凝視し続けた後、視線を他へ移すと赤の補色である黄緑色の同図形が残像として残る。これは、凝視によってその色の知覚神経が疲労（感受性が低下）するために結果としてその補色が誘い出される現象と言われている。これはある種の〝麻痺状態〟によって起こるもので、ここでのトレーニングが目指すものとは全く別。

※注3　黒の補色

手本文字が黒墨で書かれたものならば当然色は黒。この「黒」は色彩学的に言うと「補色がない」のだが、現実的視覚上は「白」であるとされている。柳川師範によると、実際には白というよりもやや金色ががって感じる、という。

〝無意識領域〟

実際に数々の修羅場をくぐり抜けてきた柳川師範の言葉だけに、ゾクッとくるものがある。

「〝観の目〟をつくるには、修羅場をつくるんです」

「本当の修羅場である必要はないんです。本当の修羅場はそれこそ本物の危急なんで、鍛錬として考える余地もない。そうではなく、小さな修羅場を自分の意志で作ってやるんです。例えば、組手で自分から無防備に突っ込んでいく、という事をやるんです。当然、最初は殴られます。そういう意味では、本当に無防備では駄目で、武蔵は〝大胆細心〟と言っているんですが、大胆さが細心の注意の上に成り立ってないとならない。本当に無防備なのは〝無謀臆病〟です」

実際にやってみるとどうなるのかを見せていただく。

構えずに、ゆっくりと一定の速度で間合いを詰めていく。柳川師範の顔面へ突きが放たれるが、当たったように見えた瞬間、その突きがスルリとすり抜けてしまった。

「要は抜けばいいんです。抜こう、という意識もしない。当たった瞬間、そこを意識して固めてしまわず抜けていればいいんです。武蔵の言った〝当てて、打つ〟という事がわかるとこういう

無防備に突っ込んで行く

無構えで相手方へスーッとゆっくり入って行く。心掛ける事は腰から動き、瞬間的にその上に頭が在る、つまり正中線が正しく繋がっているという事のみ。これだけで捌きも反撃も正しい形を成す。相手の突きは「当たってから避ける」、つまり、当てられた箇所に意識を集めずに、〝抜く〟事によって自然にいなせばよい。相手の突き自体を過度に意識してしまわず、〝観の目〟をもって全体をとらえる事が最重要課題。意図的に作られた修羅場から、〝観の目〟が生まれる。

①

②

③

④

防御が出来るようになる。これはいわば、当たってから避けてる訳です。顔面を殴られるのは誰でも怖いものですけど、腹なんかに比べると、意外に簡単に避けられるものなんですよ。まず必要なのは〝意識をしない〟という事なんです。突きがどう来るか、なんていう事を意識しているうちはどうにもなりません。だからあえて〝無防備〟に突っ込んでいくんですから。〝無防備〟の裏に無意識の防備があるという事です」

〝最初は殴られます〟と聞くとちょっと真似し難い稽古ではあるが、柳川師範にとっての空手とはそういうものだったのだろう。痛い思いをしたからこそ、得られるものもある。

「瞬間的に躊躇して、止まってしまったりすると、そこで打たれるんです。でも本当はそのまま行けばいいだけの事。そこに気付いた時に局面が打開されましたね」

気付いた、と言っても〝本当はそのまま行けばいい〟という事を無理矢理自分に課すのでは、ヤケクソであり、〝無謀臆病〟だ。そうではなく、もっと潜在意識的に知っている事を指している。その意味で、ここで目指しているのは、無意識領域で体を発動する事。しかし、攻撃して来る相手を目前にして〝意識しない〟というのはかなり難しい。そこで〝無防備〟を導入する事によって、「突きが来たら手で払おう」「そのためにはなるべく手を出しやすい位置に構えておこう」というような意識をキャンセルしてしまっているのだ。

「無意識の自分が本当の自分である、という事を信じるんです。ここを信じられるかどうかがカギになります。ここで言う〝信じる〟というのは、『鰯の頭も信心から』のような、意識的に無理矢理信じさせるようなものではなく、もっと無意識的なものなんです。仏教中興の祖、龍樹大聖の言葉で『仏教（＝真実）の大海（＝共通無意識）は、ただ〝信〟をもってのみ入る事が出来る』というものがあるんですが、この〝信〟です。〝信〟というのは、意識的な〝心構え〟ではなく、武道でも極意とする無意識的な〝身構え〟〝気構え〟の意なんです。これは先の〝大胆細心〟という言葉にも対応している事で、〝大胆〟の指す所は〝身構え〟、〝細心〟の指す所は〝気構え〟なんです」

3 〝正中線〟

「無防備に突っ込んで行く」稽古は、意識を排除する事を目指すものだ。予測も、恐怖も、「ああ来たらこうしよう」という〝心構え〟も、一切を捨て去って〝観の目〟をもって全体をとらえる。その際に絶対に踏まえねばならない身体的な大前提があるという。

「正中線です。常に正中線が繋がっているという前提がないと、〝観の目〟も成りません。入っていく時には腰から動く。入って行って、瞬間的にその上に頭があって常に正中線が真中にある。そういう身捌きが出来ないといけない。それと、自分の正中線の存在を感じている事は、相手の攻撃がどこへ向かっているかという問題においても無視出来ません」

柳川師範がかつて行ったというもう一つの荒稽古がある。それは、片手を自らの帯の間に挿し、使えない状態にして組手を行うのだ。これは「無防備に突っ込んで行く稽古」に比べても制約が強いが、意識の起こり所も多い。無意識にその使えない片手を動員しようとすれば武術的には致命的なブレーキがかかる。かといって〝片手が使えないのだ〞と意識してしまっても、「ではどのように対応すればよいか」という答を思考模索しようとしてしまう。

ともあれ、これも先に劣らず危急の〝修羅場〞。そんな中で生まれ出た柳川師範の動きは、自らの正中線を隠す動きだったという。

「相手の攻撃が自分の正中線に向かっているものでなければ、先のように抜けていればかわせるんです。でも、正中線に正確に向かって来る攻撃はそう簡単にはいかない。それを全身体的に察知した瞬間、出て来た動きは自分の正中線を隠す動きでした。そしてそれが同時に自然な反撃動作にもなっていた。これを『反撃動作だけをやろう』とすると同じ動きにはならないんです。無意識から出る動きは、人間が本来潜在意識下で知っている動きなんです。それを引き出すのが〝観

片手を使えなくして組手する

柳川師範がかつて自らに課した荒稽古。片手を帯に挿んで使えない状態にし、相手の攻撃を捌く。〝手をいかに用い、相手の突きをいかに捌くか〟という意識を捨て〝観の目〟を発動させるのが狙い。極限の危急状態で出て来た捌きはただ、自分の正中線をかくす動きだったという。防御動作がそのまま攻撃動作になってしまっている。攻撃だけをしようとするとこの動きはなかなか出て来ない。

の目〟なんですね」

〝演技〟

さすが難行苦行で知られる柳川師範だけあって、ちょっと真似し難いレベルのハードな稽古を踏んでいる。それでこそ、弱視というハンディを超えて余有るほどの〝観の目〟を獲得できたのだろう。しかし、こういうレベルの稽古は危険過ぎてあまり誰もにお勧めする訳にいかない。もう少し危険度の低いものは、と尋ねてみた。

「〝演技〟をするんですよ。例えば病気で体の具合が悪い時、平気な振りの〝演技〟をするんです。体と心の一体化をはかるんですね。体が駄目な時、心もそれにとらわれてしまっては駄目なんです。〝演技〟をしているうちにそれが本当になりますから。神社で周囲に大勢の人がいる中、大声で祝詞を上げるなんていう事もやりました。祝詞を正確に知っている訳ではないんですよ。そういう意味では〝演技〟なんです。恥ずかしいとか、意識してしまいがちな要素は山ほどある。そういうものすべてにとらわれない〝演技〟をする事が修業であり、そこから確かに養われてくるものがあるんですよ。要は〝考えていられない〟ような状況を作るんですね。簡単なのは『息を止める』というのがあります。極限まで我慢する。そんな状況で考え事していられる人なんていないでしょう」

うーん、これらも読者の皆さんにお勧めするには難があるような……。どうか真似するなら自己責任で。

〝ゆっくり、スムースに〟

「あとは、スピードの問題がありますね。速く動こうとしない。それは、普通の人がやる〝速い〟は大体『慌ててる』か『急いでる』ものなんです。武術の動作でも、速く、勢い付けて動くのはいわば〝よーい、ドン！〟みたいなもので、意識的動作そのものです。だから、先の組手の例でも、飛び込んじゃ駄目なんです。そうでなく、ゆっくりとスムースに入っていく。例えば〝順突き〟にしても、ウチで教えているやり方では『重心移動』とか『膝の抜き』とか『腰の切り戻し』とか『肩の走り』とか、そのプロセスに応じていくつもの留意点があるんです。だからと言って、その留意点をいちいち考え考え動いていたら、〝突き〟にならないんです。細かな動きの繋ぎ合わせにしかならない。だから、ゆっくりとスムースにやるんです。ゆっくりとスムースに動けたら、それは余計な意識をしていない証拠なんです」

実際に示していただいた柳川師範の動きは、まるで太極拳のような様相。見事にムラなくスムースに連なった大きな一つの〝順突き〟動作を成していた。無理矢理6つに区切ってその場面毎の留意点を付したのが次ページ写真だが、実際に見ているとどこで区切ったらいいのかさっぱりわからないような動きだ。

「速く動いてしまったら、それは意識してしまっているんです。失敗したらそれは意識したからだと気付く事ですね」

この、ムラのないスムースな動き、実は稽古法としてのみならず、武術の技を成す動きとしても〝極意〟だ。節のない動きはとらえられない。スピードはスピードで武器ともなるが、逆に居着きを生む双刃の剣だ。刀なら当然、拳でも、それが〝一撃入れれば終わる〟次元で戦う武術では、まず例外無くスピードよりもムラのない居着かない動きが求められる。そんな動きを成らしめる最重要ファクターが、〝無意識〟だったのだ。〝見の目〟を捨てて初めて得られる〝観の目〟だったのだ。

「心技体なんていう言葉がありますけど、武術におけるこれらは別個のものではなく、一つのものなんです。〝そういう心でないとそういう技は出来ない〟というものであり、〝そういう体でな

スローでスムースに動く

〝順突き〟にはプロセスを区切っていくと、おおよそ左記のような留意事項があり、これらを個々に意識すればするほど、動きがブツ切れになってしまう。これはいわば〝見の目〟の動き。これを〝観の目〟へと昇華させるには、スローに、スムースに動いてみる事。個々に固執する意識を消して、全体の〝大きな一繋がり〟をとらえ、体現する。すると、〝そういう心でないとそういう技が出来ない〟という大前提に気付く。これが意味する所は、「心技体の一致」。

構え。

膝を抜く事によって重心を前に送る。

腰から前に送り、足を追随させる。

腰を切り、力を胴体経由で肩へ伝える。

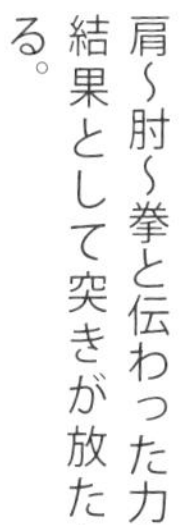
肩～肘～拳と伝わった力の結果として突きが放たれる。

いとそういう心にならない〟というものでもある。武術の技はそういうものなんですよ。正中線が繋がってないと〝観の目〟も出来ないし、心のゆとりも生まれませんよね。無意識でなんかいられない」

心のゆとりと言えば、確かにない。いつも急かされているというか、何かを意識し過ぎてどんどん自分を不自由にしてしまっている。ストレスを作り出してしまっている。

「ストレスは未来に対する不安や焦り、プレッシャーなどですよね。プレッシャーなんて実体のないものなんです。あるいは過去に対して悔やんだりとかね。〝無意識〟というのは時間の観念のないものなんです。そんな、プレッシャーとか実体のないものに思い悩むよりもその現在のその一瞬に起こる事すべてをとらえる事の方が大事なんじゃないですかね。それを〝観の目〟は教えてくれてると思うんです。武道など、日本文化の大目標は真なる〝信〟よりなる『自信』を想起して、まず自己を識る事です。このような『自信』を体現する方法は、常日頃から『自己の心と身の関係』『自己と社会との関係』『自己と大自然との関係』の中にある無限の価値に気付く自然体、平常心の実践だと思うんです。無限のチャンスがあるんですよ」

装幀：梅村 昇史
本文：中島 啓子

秘伝BOOKS
眼力を鍛える！ “戦う以前”にモノ言う強さ

2023年8月10日　初版第1刷発行

編　　集　『月刊秘伝』編集部
発 行 者　東口 敏郎
発 行 所　株式会社ＢＡＢジャパン
〒151-0073 東京都渋谷区笹塚1-30-11 ４・５F
TEL　03-3469-0135　　FAX　03-3469-0162
URL　http://www.bab.co.jp/
E-mail　shop@bab.co.jp
郵便振替 00140-7-116767
印刷・製本　中央精版印刷株式会社

ISBN978-4-8142-0568-4　C2075